493km, 미친 달리기

서울에서 부산까지 2023년 9월

493km,
미친 달리기

서울에서 부산까지, 2023년 9월

장현식 저

시간낭비

길은 어디든 있습니다.
방법도 마찬가지입니다.

Project : Seoul to Busan 500K

소요 기간
▶ 9일
▶ 2023년 9월 5일 (화) ~ 2023년 9월 13일 (수)

방법
▶ 달리기

실제 달린 거리
▶ 493.35km

경로 요약
서울역 → 양평역 → 여주시청 → 충주역 → 문경 버스 터미널 → 상주 예스 모텔 → 구미 원평동 → 서대구 고속버스 터미널 → 창녕군청 → 창원 동읍 → 김해 한림면 → 부산 강서구 강동동 → 광안리해수욕장

하루 평균 달린 거리
▶ 54.81km

하루 최소 거리
▶ 32.05km = Day2 (양평 → 여주시청)

하루 최대 거리
▶ 100.10km = Day9 (창녕군 → 광안리 해수욕장)

차례

❶ 프롤로그

❷ Day 1 _ 서울을 벗어나 | 61.34km

❸ Day 2 _ 쉬운 건 없을까요? | 32.05km

❹ Day 3 _ 충청북도 충주시 | 54.11km

❺ Day 4 _ 문경과 이화령고개 | 55.00km

❻ Day 5 _ 인사하는 앵무새 | 50.26km

❼ Day 6 _ 짧은 풀코스? | 42.26km

❽ Day 7 _ 경북대로 레이스 | 42.22km

❾ Day 8 _ 경상남도 | 56.01km

❿ Day 9 _ 유난한 하루 | 100.10km

⓫ 에필로그

프롤로그

 자정쯤, 불이 꺼진 광안대교를 보면서 스포츠 워치를 껐다. 마지막 날에만 자그마치 100km를 달렸다. 8일 동안 400km에 가까운 거리를 달려왔는데, 마지막 날 100km를 달렸다는 사실이 믿기지 않았다. 어디서 이런 에너지가 나왔는지 지금도 모르겠다. 아무리 장거리 달리기를 좋아한다고 한들 내가 이렇게 초인적인 에너지를 뿜어낼 수 있을 줄 알았겠는가.

 건물에서 뿜어대는 간판들의 불빛이 묻어있는 보랏빛 광안리 바다가 펼쳐져 있었다. 보랏빛 광안리 바다, 그리고 서울에서 부산까지 뛰어온 나, 펍 안에서 이야기를 주고받는 사람들의 왁자지껄한 소리, 가게에서 틀어 놓은 돌림노래들. 모든 게 이질적이고 비현실적이었다. 서울 저 멀리서 바라던 곳에 도착했다는 것과 달리기로 서울에서 부산까지 왔다는 두 가지 사실. 내 눈앞에 광안리 해수욕장이 버젓이 있음에도 불구하고 믿어지지 않았다. 내가 자는 사이에 누군가가 나를 여기로 옮겨놓은 것 같았다.

드디어 모든 게 끝났구나.

모래사장에 들어가서 바다에 온 느낌을 내볼까, 고민하다가 그냥 눈앞에 보이는 나무 의자에 걸터앉았다. 비가 오기도 했고 바다에 온 티를 내기에는 너무 지쳐있었다.

멍하니 바다와 광안대교를 바라봤다. 바다를 한 번도 보지 못했다가 끝끝내 바다에 도착한 영화 〈노킹온 헤븐스도어〉의 주인공이 된 느낌이다.

분명히 감격스럽고 내 자신이 대견한 느낌이었지만 예상과 달리 눈물이 나거나 환호성을 지르고 싶지도 않았다. 그냥 멍한 상태로 바다를 하염없이 바라봤다. 그리고 5분 정도가 흐른 후, 비가 멈췄다.

아까보다는 조금은 잔잔해진 물결, 여전히 시원한 바람, 그리고 광안리 해변 앞의 건물들이 내뿜는 불빛들, 그 불빛이 비치는 보랏빛의 몽롱한 바다색, 자정이 지나서 불이 꺼진 광안대교.

몇 시간 전까지 시원하게 내리던 비가 멈추고 나니 여름이 끝났다는 것을 느꼈다. 입추를 알리는 비였다. 광안리 바다에 도착하니 9일 동안 나를 지독하게 괴롭히던 여름이 끝나고 가을이 시작되었다. 달리기를 멈추고 주변의 것들을 천천히 둘러보니 모든 게 선명하게 보였다. 자정이 지났음에도 불구하고 사람들이 가득 찬 펍, 거기서 흘러나오는 사람들의 수다스러운 이야기와 흔하디흔한 돌림노래들까지.

정지되어 있던 음악 플레이리스트가 다시 재생되는 느낌이었다. 시간이 다시금 제대로 돌아가고 있었다.

어느 날

'내가 서울에서 부산까지 뛰어서 갈 수 있을까?' 2023년 4월, 비좁은 사무실에서 문득 엉뚱한 생각이 들었다. 아마도 나와 어울리는 듯, 어울리지 않는 일을 하고 있었기에 삶에 새로운 자극이 필요했던 것 같다.

특히 나같이 활동적인 성향의 인간에게는 사무실에 앉아서 하루 종일 엑셀만 쳐다봐야 하는 업무가 고역이었다. 수동적인 업무가 오히려 나의 체력을 조금씩 갉아먹는 느낌이 들 정도였으니까. 그런 지루한 사무실 분위기를 버티고자

지도를 보는 게 내가 찾아낸 회사 속 취미였다. 지도를 보면 어디에서 어디로 달릴지 러닝 코스를 상상할 수 있기 때문이다.

그러던 어느 날, 지도를 축소하여 대한민국 국토 전체를 보게 되었다. 한국.

그날따라 우리나라 땅이 유난히 작아 보였다. 작아 보이는 우리나라 땅을 보면서 이런 생각이 들었다. '인간이 서울에서 부산까지 뛰어서 갈 수 있을까? 자전거 타고는 많이들 한다던데.' 생각이 나는 즉시 당장 해보고 싶었지만, 직장 특성상 오랜 기간 휴가를 내는 게 어려웠다. 고민에 빠졌다. 내가 죽기 전에 사무실에서 지루함을 버틴 게 기억에 남을까, 아니면 부산까지 뛰어가기 위해 도전하는 내가 기억에 남을까?

그렇게 시간이 흘러 2023년 6월 30일, 퇴사를 하게 되었다.

포레스트 검프

시계를 조금 돌려 2021년 10월 23일, 내가 장거리 달리기에 빠지게 된 것은 뜬금없게도 영화 〈포레스트 검프〉 덕분이었다.

솔직히 말해서 나는 달리기와 거리가 먼 사람이었다. 그렇다고 운동을 전혀 못 하는 성격은 아니었다. 딱히 규칙적으로 운동을 하지는 않았지만 아주 가끔 지인들과 축구하면서 스트레스를 푸는 것이 내 20대 운동의 전부였다.

그러던 어느 금요일의 저녁 밤, 고리타분한 술자리 모임이 끝난 후 집에 들어왔는데 그날따라 잠이 오지 않았다. 왁자지껄한 술자리 모임이 끝나고 빈방에 들어오니 채워지지 않을 듯한 공허함이 느껴졌다. 이런 공허함을 가리고자 태블릿 PC를 침대로 가져온다. 침대에 누워서 어떤 영화를 볼까, 고민하다 생각 없이 〈포레스트 검프〉를 틀었다. 포레스트 검프라는 영화를 누군가에게 추천받은 것도 아니고, 이건 '꼭 봐야겠다!'라는 강렬한 의지가 있었던 것도 아니다. 그냥 내 눈에 보이는 영화를 고르다가 자연스럽게 선택한 영화였다.

솔직히 영화 초반 부분은 잘 기억나지 않는다. 영화를 틀어 놓고 집중해서 보지 않았기 때문이다. 그러다 갑자기 주인공이 하염없이 달리는 장면이 나오면서 영화에 집중하기 시작했다. 처음에 검프가 달리는 모습을 보면서 '쟤는 왜 저렇게 달리지?', '저렇게 계속 달리면 무슨 느낌일까?' 이런 생각들이 들었다.

한가지 행위에 몰두하면 좋은 점이 무엇인지는 잘 모르겠다. 꼭 달려야 할 이유가 있을까? 물론 당사자인 검프는 "그냥 달린다"고 하지만 말이다. 그러나 나는 검프가 달리기로 모뉴먼트 밸리를 달리는 장면을 보자마자 자연스럽게 달리기 세계에 빠져들었다.

처음에는 '영화니까 저렇게 멀리 달리는 게 가능한 일이겠지!', '아무튼 멋있다.' 정도로만 생각했었다. 하지만 주인공이 여러 명의 러너와 광활한 모뉴먼트 밸리를 뛰어가는 장면에서 온몸에 강력한 전기가 흐르는 느낌을 받았다.

넓게 펼쳐진 모뉴먼트 밸리의 대지와 끝이 없어 보이는 지평선, 그리고 그사이에 놓인 아스팔트 도로, 그곳을 묵묵히 달리는 검프, 검프의 뒤를 따르는 러너들. 나는 그 장면으로 인하여 장거리 달리기라는 세계로 들어오게 되었다.

'와, 이런 세계가 있었네, 나도 해볼까?'

그렇게 담백한 생각 하나로 나의 장거리 달리기 인생이 시작되었다.

영화가 끝나고 오후 11시, 영화가 끝나자마자 집에 있는 코르테즈 (나이키 런닝화)를 꺾어 신고 무작정 밖으로 나왔다. 그리고 아파트 1층에서 숨을 한번 깊게 들이마시고 바로 달리기 시작했다.

어떻게 달리는지, 준비운동은 어떻게 하는지 전혀 배워본 적이 없고, 어떤 운동화가 좋은지도 잘 모르는 생초보였지만 저녁 밤을 가로지르며 달리는 자체만으로도 기분이 좋아졌다. 날씨는 시원했고, 해방감이 느껴졌다. 그리고 알게 모르게 성취감도 느껴졌다. 순식간에 복합적인 감정들이 한꺼번에 뒤엉키면서 느껴져서 오히려 정신이 없을 정도였다. 그래도 좋았다. 하지만 요령 없이 무식하게 달렸기에 나중에는 무릎 통증이 심하게 느껴졌다. 그래서 33km쯤에서 숨을 헐떡거리며 달리기를 멈췄다. 이것이 나의 첫 번째 장거리 달리기였다.

나는 장거리 달리기의 첫 느낌이 너무 좋았다, 내가 느꼈던 무릎의 통증이 상쇄될 정도로.

살면서 느껴보지 못한 강렬한 성취감과 편안한 느낌이 드는 나른함, 그 동시에 내가 살아있는 느낌이 드는 게 가장 좋았다. 사회의 틀에 맞게 몸을 움츠리고 있던 나의 존재가 살아난 느낌, 내가 진짜 나로 사는 느낌 등등. 첫 느낌이 너무 좋았기에 30km 이상의 장거리 달리기를 규칙적으로 하기 시작했다.

훈련 플랜이라는 개념은 없었지만, 평균적으로 일주일에

1~2번은 장거리 달리기를 했었다.

나중에 알게 된 사실이지만 마라토너들은 대회를 위해 장거리 달리기를 훈련 삼아 한다고 한다. 하지만 이 당시 나는 마라톤 대회에 대한 정보도, 개념도 없었다. 단순히 오래 달리면서 주변의 경치를 둘러보고, 살아있음을 느끼는 자체가 너무 좋아서 계속 달렸을 뿐이다. 달리면서 숨통이 트이는 느낌도 너무 좋았다. 장거리 달리기를 하면서 드는 여러 느낌을 한 문장으로 깔끔하게 표현하고 싶은데, 그게 좀 어려운 것 같다. 계속해서 고민을 많이 해봤는데 아직도 내가 만족할 만한 명쾌한 문장을 만들어 내지는 못했다.

그나마 근접하게 만들어낸 문장은, '장거리 달리기를 하는 시간 동안만큼은 온전히 나의 세계에 있는 느낌'이다. 거리가 늘어나면 늘어날수록 나만의 세계에 있는 시간이 더더욱 길어지는 느낌이며, 달리는 동안은 그 어떤 것에서도 방해받지 않는 느낌이다. 온전히 나와의 대화가 가능한 시간, 나 자신을 알아가는 시간. '달리기를 통해서 이런 시간을 만들 수 있구나.'라고 생각했다.

이렇게 긴 거리를 계속 달리기 시작하면서 포레스트 검프처럼 다른 지역을 넘어 다니기 시작했다. 서울에서 인천

으로, 인천에서 서울로, 서울에서 일산으로, 그리고 의정부까지,

달리기로 지역과 지역을 넘어 다니며 내 눈에 익숙했던 것들을 새로운 시점으로 보는 재미가 꽤 쏠쏠했다. 보통 우리가 지역과 지역을 넘어 다닐 때 대중교통을 타고 이동하지만 내 두 발로 다른 지역을 넘어 다니다 보면 놓쳤던 것을 다시금 보는 느낌이다. 특히 도시와 도시 사이의 경계선을 볼 수 있는데 수도권치고는 인간의 손이 덜 탄 느낌이었다.

나는 이 경계선에서 느껴지는 애매함과 황량함이 너무 좋았다. 도시의 경계선은 무언가가 끝나는 지점이기도 하고, 또 반대로 새로운 도시가 시작되는 지점이다. 이런 지점을 넘어 다니면서 도시 속에서 홀로 여행자가 된 느낌이었다.

도시의 경계선을 넘어 달리면서 장거리 달리기에 점점 재미 들였다. 그러는 동시에 조금씩 더 멀리 달려보고자 하는 욕구가 강해졌다. 그러다 보니 실제로 퇴근하고 서울에서 인천까지 42km를 달리기도 했고, 거리 수를 더 늘려서 한겨울에 북한산을 둘레길 60km를 혼자 달리기도 해봤다. 별다른 이유가 없었다. 그냥 멀리 달릴수록 행복했기 때문이다. 내가 진정으로 살아있게 느껴지기 때문이었다. 달리

면서 자기 자신을 알아가는 느낌이 좋았기 때문이다.

30km, 40km, 이어서 도전하는 울트라마라톤 구간인 50km, 60km, 100km까지, 트레일 러닝과 일반 마라톤을 구분할 줄도 몰랐던 시기에 무작정 달리며 한계치를 높여갔다. 그러면서 달리기에 대한 목표도 점점 커졌다.

'내가 서울에서 부산까지 달려갈 수 있을까?'

500km 또는 600km | 2023년 5월

〈미친 달리기〉 프로젝트를 결심한 이후로 인터넷에서 서울에서 부산까지의 경로를 찾아봤다. 한국 땅이 크지 않더라도 서울에서 부산까지는 최소 500km를 달려가야 했는데, 자동차 운전으로도 힘든 거리를 내가 달려갈 수 있겠느냐는 생각이 듦과 동시에 도전 욕구가 들끓었다.

이후로 며칠 동안 서울에서 부산까지 달리기 종주가 가능한 방법'을 상상하고 연구했다. 며칠에 나눠서 달려가야 하는지, 페이스는 평균 몇으로 달리면 되는지, 신발은 어떤 종류를 신어야 하는지 등을 중점으로 생각하며 시간을 보내는 게 너무 행복했다.

집에 혼자 있거나, 회사에 있을 때, 심지어 친구들과 있을 때도 마찬가지로 서울·부산 달리기에 대한 상상에 푹 빠져 있어서 일상에 집중이 되지 않을 정도였다. 주변에서 나에게 말을 걸 때는 항상 머릿속에 〈미친 달리기〉 프로젝트에 관한 생각뿐이었다.

준비

종주와 관련된 정보를 계속해서 찾아보다 보니 국토 종주가 가능한 자전거 길이 있다는 사실을 알게 되었다.

인천에서부터 낙동강 하굿둑까지 이어져 있는 길이 대략 633km 정도 된다고 한다. 자전거길로만 달리면 부산까지 갈 수 있다니 한국이 자전거 타기에 정말 좋은 환경이라는 생각이 들었다.

하지만 내가 원하는 것은 편리함이 아니라 장거리 달리기를 통한 모험이었다. 나에게 자전거길은 '정해진 길'이었다. 물론 자전거길로 달려가기만 한다면 안전이 보장되겠지만 나는 부산까지 달리면서 내가 몰랐던 시골 마을도 구경하고 싶었고, 달리기 모험을 통해 다양한 사람을 만나고 싶었다.

그리고 나만의 길을 개척해 가고 싶었다. 그래서 일부 구간에서만 자전거 길을 경유하고, 그 외의 길들은 구글 지도와 네이버 지도를 참고하여 500km짜리 경로를 만들었다.

출발지를 정할 때는 서울의 상징적인 장소가 좋을 것 같다는 판단하에 서울역으로 결정했고, 부산에서는 내가 좋아하는 장소에 도착하는 게 재미있겠다고 판단했다. 그래서 도착지는 광안리 해수욕장으로 결정했다. 서울의 상징적인 곳에서 시작하여 부산에 있는 바다까지 도착한다, 꽤 낭만적인 계획이다! 라는 생각이 들었다.

[서울에서 부산까지 종주 계획 초안]

일별 예상 평균 러닝 거리 : 55km

Day 1 　서울역 → 하남 팔당댐 → 양평역
Day 2 　양평역 → 여주시청
Day 3 　여주 → 충주역
Day 4 　충주역 → 문경 버스 터미널
Day 5 　문경 → 상주 예스모텔 앞
Day 6 　상주 예스모텔 → 구미 원평동
Day 7 　구미 원평동 → 서대구 고속버스 터미널
Day 8 　서대구 고속버스 터미널 → 창녕군청
Day 9 　창녕군청 → 밀양 삼랑진역
Day 10 　밀양 삼랑진역 → 광안리 해수욕장

계획하는 과정에서 내가 놓친 게 하나 있다면 바로 상승 고도다. 500km라는 긴 거리를 어떻게 달릴지만 연구한 나머지 상승고도는 전혀 계산하지 못했다. 실제로 한국은 작은 산과 여러 고개가 많은 나라다. 고도 계산을 하지 못한 탓에 달리는 도중 갑자기 가팔라지는 급경사 구간을 경험하기도 했고, 가끔은 사람이 없는 산에서 뱀과 함께 달렸다. 그리고 갑자기 인도가 없어지고 국도가 나타나는 경우가 여러 번 있었는데, 실제로 생명의 위협을 느낀 경우가 많았다. 특히 공단 인근의 국도를 불가피하게 경유할 때는 화물차나 덤프트럭과 달리는 경우가 있었다. 이때는 더더욱 위험하다고 느꼈다. 갑자기 나타나는 산과 국도 달리기, 이 두 가지가 정신적으로 나를 아주 힘들게 했다.

  그다음으로 종주를 하기 전에 정해 둔 2가지 원칙이 있다.

1. 어두울 때는 달리지 않는다.

  내가 기록을 위해 어두운 날까지 달렸다면 지금 이 책은 세상에 나오지 못했을 것이다. 도심을 떠나니 멀쩡히 있던 보도가 갑자기 없어지는 경우가 너무 많았다. 어두울 때 달렸다면 교통사고의 위험이 있었을 것이다. 그래서 날씨가 더워도 밝을 때 달리는 것을 원칙으로 정했다. 50km 이상의 긴 거리를 달려야 하는 날이면 최소 새벽 6시 이후 동이 트기 시작할 때부터 달리기를 시작했다.

2. 한 도시에서 2일 이상 머무르지 않기.

달리면서 며칠 연속 같은 도시에 머물러 있다고 상상을 해봤는데, 심리적으로 안정감이 느껴져서 퍼지지는 않을까 하는 걱정이 있었다. 그래서 거리가 조금 멀더라도 무조건 도시에서 다음 도시로 넘어가는 것을 원칙으로 했다.

예시)
1일 차 = 서울 → 양평
2일 차 = 양평 → 여주
3일 차 = 여주 → 충주

원칙을 정한 다음에는 뭐가 필요할지 세부적으로 정리를 해봤다. 우선 달려서 종주하려면 큰 용량의 트레일 러닝백이 필요했다. 일반 배낭이 수납력은 좋지만, 몸에 밀착되지 않아서 달릴 때 고정이 되지 않아 조금 불편할 것 같았다. 그래서 장거리 달리기에 사용되는 트레일 러닝백이 적합하다고 판단했다. 비록 여름이라 옷의 무게가 많이 나가지는 않지만 행동식, 세면도구와 보조배터리 등을 챙겨야 했기 때문에 18L~20L 정도의 용량이면 충분해 보였다.

이후 챙겨야 할 짐들을 체크했다. 며칠 동안 집에 들어가지 않고 달려야 했기 때문에 필수 짐을 챙기면서 경량화하는 지혜가 필요했는데, 개인적으로 이 과정이 조금 어려웠다. 내 기준에는 모든 게 필요해 보였지만 전부 챙긴다면 그만큼 무게가 늘어나기 때문이다. 그래서 최대한 고민해 필요한 것만 챙기고 나머지는 덜어내려고 했다.

가장 큰 고민은 신발이었다. 며칠 동안 장거리 달리기를 하려면 어떤 신발을 신어야 하는지, 신발은 몇 켤레를 챙겨야 하는지 감이 잘 잡히지 않았다.

신발은 소모품이기 때문에 무조건 내구성에 관련된 이슈가 있을 것으로 예상되었다. 특히 나는 매일 장거리 달리기를 해야 했기 때문에 현존하는 신발 중에서 내구성이 가장 좋고 쿠션이 두꺼운 신발을 찾으려고 했다.

내가 챙긴 것들은 아래와 같다.
1. **신발 1켤레**
2. **트레일 러닝백 18L 1개**
3. **반팔 반바지 세트 3개**

4. 속옷 2개, 양말 3켤레

5. 우천 대비 바람막이 1개

6. 모자 1개

7. 핸드폰 충전기, 보조 배터리 (12W 1개, 30,000mAh 1개)

8. 세면도구, 일회용품에 담긴 로션, 피부 크림

9. 에너지 젤, 에너지 검, 프로틴 바 등 총 16개

10. 휴대용 삼각대

11. 소프트 플라스크 600m×2

12. 붙이는 파스 1팩(12개)

짐을 최대한 줄여보았지만, 역시나 체감상 너무 무겁게 느껴졌다. 아마 물의 무게까지 더하면 대략 4kg가량 되었을 것 같다. 천천히 달린다고 한들 며칠 동안 내 몸무게에서 4kg이 추가된 상태에서 매일 달리니 '가지고 있던 가방을 버려버릴까?'라는 고민을 수 없이 했다. 좋은 점이라면 본의 아니게 상체운동도 조금씩 되지 않을까 생각한다.

아무튼 나의 준비 과정은 이게 전부였다. 촘촘하게 준비하기보다는 큰 틀을 기획해 놓고 그 안에서 행동하며 부족한 부분을 보완해 나갔다. 실행하기만 한다면 부족한 것은 그때그때 보완해 나가도 늦지 않기 때문이다. 또, 직접 움직이면서 정답을 찾는 게 과정의 풍부함을 만들어준다고 생각한다.

내가 준비한 과정을 크게 정리해 보자면 아래와 같다.

1. 부산까지의 거리 계산
2. 데일리 루트 설정
3. 트레일 러닝 가방과 같은 필요 물건 체크
4. 안전에 관련된 원칙 정하기
5. 첫걸음을 뗄 용기

약간의 변수

나는 〈미친 달리기〉프로젝트를 시작하기 이전에 가장 힘든 시기를 보냈다. 7월의 라섹 수술로 인한 강제 휴식, 8월에 다시 운동을 시작하자마자 찾아온 부상으로 달릴 수 없어 무력감에 빠진 두 달이었다. 달리고자 하는 열정은 넘치는데 몸이 아파서 아무것도 못 하는 현실에 내가 바보가 된 느낌이었다.

2023년 8월 13일, 다치게 된 상황은 이랬다. 늦은 저녁 밤 달리기를 하다가 내리막길 구간에서 전력 질주하며 내려오는데 나의 시야 밖에 있었던 주차장 스테인리스 체인에 걸리며 바닥에 꽂히듯이 넘어진 것이다.

이 부상은 나의 달리기 인생에서 가장 큰 부상이었다고 할 수 있다. 나는 넘어진 당사자였기에 잘 몰랐지만 나와 함께 달리던 내 여자 친구 로리의 말에 의하면 주변 사람들이 웅성거릴 정도로 내가 넘어질 때 큰 소리가 났다고 한다.

해당 부상으로 인해 왼쪽 가슴 부분이 너무 아파서 며칠은 숨을 쉬기가 너무 힘들었다. 신체 왼쪽의 모든 부위가 전부 멍 들었고, 당시 신고 있던 신발은 더 이상 신을 수 없을 정도로 망가졌다. 아웃솔과 갑피부분이 입을 벌리듯 벌어져 있었으니까.

병원을 갔다. 의사 선생님은 최소 두 달간 운동을 삼가야 한다고 진단을 내렸다. 특히 선생님은 내 눈을 바라보며 '절대'라는 단어를 강조했다. 나는 아픈 것보다 뛸 수 없다는 사실이 속상했다. 지금까지 부상의 경험이 없었기에 불안함이 더욱 컸던 것 같다. 상태가 쉽게 호전되지 않으면 어떡하지? 라는 걱정을 매일 했다. 그렇게 시간은 계속 흘러가고 〈미친 달리기〉 프로젝트를 할 기회는 또 멀어졌다. 야속하게 느껴졌다.

7월에서 8월은 병원만 들락날락했다. 오전에는 안과에 가서 라섹 한 눈 상태를 확인하고, 오후에는 정형외과에 가서 물리치료를 받고 약을 처방 받고, 주사를 맞는 게 나의 일과였다.

나름 튼튼한 몸을 가졌기에 병원에 다니는 것과는 거리

가 조금 멀었는데, 이 당시 평생 안 가본 병원은 다 가본 느낌이었다. 오전 오후로 번갈아서 병원에 다니다 보니 중환자가 된 것 같았다.

내가 하고자 하는 달리기 프로젝트를 하지 못하면서 조금씩 부정적인 생각이 들기 시작했다. 너무 멀쩡하던 나에게 왜 이런 시련이 주어지는지 의문이 들기도 했다. 퇴사하고 시간적 자유를 얻었지만, 시간을 자유롭게 쓸 수 없는 현실은 정말 고통스러웠다. 자유를 눈앞에 두고 사용할 수 없는 느낌은 말로 다 표현할 수 없었다.

달릴 수 없을 때 가장 부러웠던 사람들은 여름밤 공원을 자유로이 달리는 러너들이었다. 종종 저녁에 공원에 가서 산책했는데, 달리기를 하는 사람들을 보면 그렇게 부러울 수가 없었다. '언제쯤 저 사람들처럼 나도 달릴 수 있을까?'라는 생각을 많이 했었다.

나는 회복에 집중하려고 노력했다. 그리고 마음속에 있던 부정적인 생각과 싸우고자 했다. 긍정적인 마음가짐보다 좋은 치료제는 없다고 생각했기 때문이다. 긍정적으로 생각을 함으로써 부산까지 달리는 나를 다시 상상할 수 있게 됐다.

사람 많은 서울 시내 한복판을 벗어나서 부산까지 뛰어

가는 나, 한국을 가로지르며 볼 멋진 풍경들, 힘든 과정을 극복하는 내 모습, 고생 끝에 결국은 광안리까지 도착하는 내 자신 등, 내가 부산까지 뛰어서 가는 모습을 구체적으로 상상하고 그것을 이미지화하려고 노력했다.

실제로 상상의 힘은 우리가 가지고 있는 기량 이상의 능력을 발휘할 수 있도록 해주는 어마무시한 힘을 가지고 있기 때문이다. 유명 운동선수들도 경기 전에 경기에서 선전하는 모습을 머릿속으로 상상을 많이 한다고 한다. 나도 그런 상상의 힘을 맹신하기에 도전하기 전에 내가 원하는 것을 이뤄내는 상상을 자주 한다. 물론 성격상 현실적인 부분도 많이 고려하는 편이지만 결국은 이상적인 것을 쫓는 편이다. 상상의 힘 덕분에 어려운 상황을 극복한 경우가 많았다. 그리고 상상을 현실로 옮길 시간이 다가오고 있었다.

D-1, 2023년 9월 4일

2023년 9월 4일 월요일, 촛불이 꺼질 때쯤에 활활 타오르듯이 여름 막바지의 태양은 정말 뜨거웠다. 오히려 한여름인 8월보다 더운 느낌이었다. 집에서 종주에 함께할 짐을 챙기며 창문 밖을 보는데, 보는 것만으로도 태양의 열기가 느껴질 정도였다. 문득 불안감이 느껴졌다.

이 도전이 맞는 걸까? 달리다가 더위 먹으면 어떡하지? 팀 없이 혼자 가능한 프로젝트일까?

특히 나는 교통사고 걱정을 많이 했다. 국토 종주와 관련된 자문을 구하기 위해 주변에 계신 울트라 마라토너 몇 분들과 이야기를 나누었는데, 실제로 횡단하다 교통사고가 나서 돌아가신 분들도 꽤 있다고 한다. 그리고 자전거 종주를 하다가 음주 차량에 치여 사망한 사람도 있다고 했다. 무서웠다. 나라고 해서 교통사고가 나지 않는다는 법은 없으니까. 나는 달리기를 사랑하지만 달리다가 죽고 싶지는 않았다. 오래오래 달리고 싶었기 때문이다.

또, 달리다가 이름 모르는 지역에서 생을 마감한다고 상상하니 너무 억울했다. 그래서 교통과 관련된 안전에 가장 신경을 많이 쓰려고 노력했다. 물론 내가 국도에서 달리는 바람에 '안전제일 달리기'는 결국 물거품이 되어버렸지만.

종주를 앞둔 날에는 유독 걱정이 많았다. 걸어서 하는 국토 종주와 다르게 달리기로 부산까지 갔다는 글은 인터넷에서 찾아볼 수 없었기 때문이다. 달리기로 국토 종주를 한다는 것은 대중화 되어있는 카테고리가 아니었다. 결국은 내 자신을 믿으며 앞으로 나아가는 게 최선의 방법이었다.

이번 종주를 비유하자면 마라톤 대회의 영역이 아닌 서

바이벌 영역에 가까웠다. 개인 프로젝트이니 당연히 운영조직위원회가 따로 없었고 대회처럼 정해진 길도 없었다. 코스 마킹도 따로 없었고, 물을 건네주는 자원봉사자님들도, CP(Check Point : 체크포인트, 줄여서 CP라고 말한다. 트레일러닝 대회 중 선수들의 일정 구간 기록을 체크하는 곳이다. 이곳에서 장비를 점검하거나 잠시 휴식을 취할 수 있다.)도 없었다. 식사와 급수, 수면까지 전부 직접 해결 하면서 부산까지 가야 했다.

모든 과정이 자유로웠던 동시에 전부 내 책임이었다. 직장생활과 인간관계의 세계에서는 보이지 않는 선을 암묵적으로 지키며 살아오던 나에게 순도 100%짜리 자유가 주어지니 처음에는 조금 당황스러웠다. 자유롭지만 자유롭지 않은 느낌은 아마 내가 책임감을 느껴서이지 않을까? 나는 내 자신을 책임지기 위해 절대로 무리해서 달리지 않겠다고 다짐했다. 이런저런 걱정이 뒤섞인 생각으로 잠에 쉽게 들지 못했고 결국 새벽 2시쯤 간신히 잠에 들었다.

DAY 1

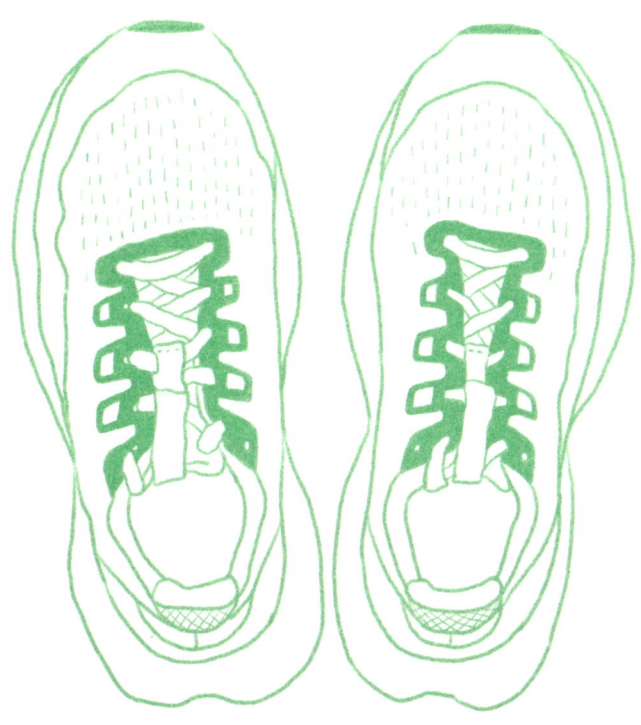

Day 1

서울을 벗어나

61.34km

▶ **일자** : 2023년 9월 5일(화)
▶ **경로** : 서울역 → 하남 → 팔당댐 → 양평역

새벽 5시 30분, 고민의 늪에 빠져 있다가 깊게 잠들지 못하고 결국 하루를 빠르게 시작했다. 수천 명, 수만 명이 모여서 함께 달리는 대회도 아니고 홀로 하는 프로젝트성 달리기인데 왜 이렇게 심리적으로 불안한지 모르겠다. 상상 이상의 먼 거리가 마음속으로 감당이 안 되어서 그런 걸까?

내 옆에서 나를 멀뚱멀뚱 쳐다보는 여자 친구 로리는 내가 많이 걱정되는 것 같았다. 솔직히 나도 내 자신이 걱정되

었다. 아무리 장거리를 달리는 것을 좋아한다지만 한국을 달려서 종주한다니 기가 차기도 하며, 가슴 벅차기도 했다. 500km라는 긴 거리를 생각하니 아찔하기도 했다.

하지만 옆에 있는 사람을 걱정시키고 싶지 않아서 괜찮은 척을 했다. 감정은 타인에게 전염 속도가 빠르다는 것을 잘 알고 있기 때문이다. 특히 부정, 불안과 같은 감정의 전염 속도는 더 빠르다. 그래서 나의 초조한 상태를 겉으로 드러내고 싶지 않았다. 약간의 긴장 섞인 정적과 애써 괜찮은 척하는 나의 어색한 태도가 계속되었다. 나는 아침으로 죽을 챙겨 먹고, 빵빵해진 트레일 러닝백을 들고 밖으로 나왔다.

"조심히 가, 며칠 뒤에 충주에서 봐"
"무리 안 하고 달릴게, 걱정하지 마"

이른 아침 지하철 속, 사람들은 출근하고 있었고 나는 부산까지 뛰어가기 위해 서울역으로 가고 있었다. 지하철에 앉아서 일터에 가는 사람들의 차림새와 부산으로 뛰어가기 위한 나의 옷차림을 번갈아서 보았다. 모두가 말끔한 양복을 입거나 깔끔한 옷을 입고 있었는데, 나의 옷차림은 이 사회에서 돌연변이 같은 느낌이 들었다. 출근길 멀끔한 사람들 사이에 기능성 반팔 티셔츠와 짧은 마라톤 쇼츠, 그리고 이상하게 생긴 트레일 러닝백을 들고 있는 사람. 이방인이었다.

주변 사람들은 애써 나의 차림새를 이해하려고 하는 듯 보였지만 나의 행색이나 분위기가 신기했는지 결국 호기심을 참지 못하고 나를 힐끗힐끗 쳐다보기 시작했다. 이해된다. 나였어도 나 같은 놈을 지하철에서 본다면 "저 물통 달린 이상한 조끼 가방은 뭐지?", "쟤는 뭐 하는 놈이지?", 라는 생각을 분명히 했을 것 같다.

〈미친 달리기〉 프로젝트를 시작하기 전부터 나는 이방인의 신분이 되었다. 물리적으로는 지하철에 있는 사람들과 같은 시간을 살고 있지만 자세히 파헤쳐보면 나의 시간의 흐름은 약간 다른 방향으로 물결치는 느낌이었다.

불과 2달 전까지만 해도 나도 출근길 행렬을 함께 했었다. 인파에 밀리고, 밀고, 만원 지하철에서는 사람들 사이에 껴서 숨을 꾹 참고 출근을 했다. 지친 몸을 실은 채 인간 파도에 또 다시 내 몸을 맡겼었다. 그리고 힘이 빠져 집에 들어오는 그런 삶을 몇 년 동안 살았었다.

글쎄, 사람마다 시간의 성질이 다른 것은 맞지만 어느 쪽이 좋다고는 단정할 수 없는 것 같다. 사람마다 성향이 다르고 사는 방식이 다르기 때문이다. 나는 단지 내가 하고자 하는 대로 시간을 살아갈 뿐, 그러니 사람들이 신기하게 쳐다보는 시선들도 감수할 줄 알아야 했다. 이방인으로서 신분의 무게도 짊어질 줄 알아야 했다.

내 삶은 〈미친 달리기〉 프로젝트와 비슷해진 것 같다. 자유로운 상태이지만 내 자신을 책임을 져야 하는 그런 상태.

지하철에서 사람들이 살아가는 시간과 나의 시간의 성질을 비교하다가 어느덧 서울역에 도착했다.

서울역
서울 용산구 한강대로 405

서울역의 공기는 공항 못지않게 설렘이 가득하다. 공항과 서울역이 조금 다른 점이 있다면 서울역에서는 여행이 아닌 일상을 살아가는 사람들도 함께 볼 수 있다는 것이다. 그래서 설렘의 공기와 무거움의 공기가 절반씩 섞인 느낌이 든다고 해야 할까.

아무튼 '서울역'이라고 큼지막하게 쓰여있는 광장에 도착하니 직장에 가는 사람들과 더불어 캐리어를 끌고 바쁘게 움직이는 사람들도 많았다. 일상을 살아가는 사람들과 잠시 일상을 벗어나 어디론가 떠나는 이들이 섞여 있는 이곳처럼 나의 마음도 설레기는 하지만 한편으로는 복잡했다.

조금 긴장을 풀고 스트레칭하며 맞은편에 있는 서울스퀘어를 보았다. 저녁이면 미디어 파사드가 나오는 게 보고 싶어서 종종 일부러 왔던 곳인데, 아침에는 그냥 직사각형의 반듯한 빌딩이었다. 고개를 다시 돌려서 서울역 표지를 한참 바라봤다. 서울을 상징할 만한 곳은 넘쳐나는데, 나는 왜 이곳, 서울역을 출발지로 정했을까? 큰 이유는 없었지만 나한테는 서울역이 '서울답다'라고 느껴졌기에 〈미친 달리기〉 프로젝트의 출발지로 적합하다고 생각했다.

'이 많은 사람 중에 내가 부산으로 뛰어간다는 사실을 아는 사람이 여기에 있을까? 아무도 모르겠지, 이제 출발'

내 머릿속으로 출발을 알리는 신호탄이 터지는 상상을 하며 스포츠워치의 운동 시작을 눌렀다. 초반에는 제삼자의 관점에서 도시와 도시 속 사람들을 관찰할 수 있어서 좋았다. 도시의 하루가 어떻게 시작되는지, 몇 시쯤에 거리는 더욱 붐비는지. 달리면 평소에 보던 것들이 새롭게 보이고는 한다.

서울로 7017을 올라 명동을 통과해 동대문으로 향했다. 명동의 아침은 처음이었기에 조금 신기했다. 도로변에 관광버스가 줄을 서 있고, 외국인들이 여행 가이드의 안내에 따라서 버스에 타고 있었다. 그리고 버스 네온전광판에는 DMZ라고 표시가 되어있었다. DMZ 투어 일정이 포함된 여행상품인가보다. 외국인의 입장에서는 우리나라가 분단국가인 점이 흥미로울까? 문득 궁금해졌다.

달리면서 내가 보던 것들을 다시 관찰하니까 여러 가지 생각이 든다. 그리고 시간이 조금 지나니 등교하는 학생들도 조금씩 눈에 보이기 시작했다. '힘내'라고 마음속으로 응원했다. 왜인지 모르겠지만 학생들을 보면 응원하고 싶은 마음이 생긴다. 부산까지 가기 위해서는 내 자신을 우선으로 챙겨야 하는데 학생들을 보면서 마음속으로 '힘내!'라고 하는 자신이 조금 웃겼다.

퇴계로를 지나 서울의 동남쪽으로 달려가면서 '내가 이쪽에서 언제 뛰어봤을까?' 하고 생각해 봤는데, 아마 2022년의 JTBC 마라톤 때 이 구간을 달렸던 것 같다. 그 당시 동대문 방향과 천호대교를 통해서 강동구 쪽으로 내려갔던 것 같은데 지금의 경로와 유사했다.

하지만 마라톤 때와 다르게 일상 속 서울은 항상 바쁘다. 많은 차가 분주하게 움직이고 사람들의 발걸음도 빠르다. 여유롭게 움직이는 사람을 찾는 게 더욱 어려웠다. 나는 운이 좋게 서울을 관통하며 이런 현상들을 볼 수 있었다.

문득 궁금해졌다. 다들 어떤 목표를 가지고 다들 이렇게 열심히 살까? 그리고 무엇이 그들을 저렇게 열정적으로 살도록 만들었을까?

나는 이렇게 열정 넘치고 빠르게 돌아가는 도시가 나쁘지 않다. 가끔 페이스가 너무 빨라서 지치기도 하지만 그래도 이만큼 풍부한 인프라를 갖춘 편리한 도시는 전 세계에서 찾아보기 힘든 것 같다.

서울다운 복잡함은 천호동과 길동 쪽을 지나서부터 서서히 멎어갔다. 뭔가 서울의 끝자락에 왔다는 느낌이 들었다. 확실히 이 동네는 서울의 중심가와 다르게 조금 열기가 빠진 느낌이 들었다. 도시의 중심에 비해 사람들도 많이 줄어들었고, 서울의 기본 배경음악인 자동차 소음도 조금씩 줄어들었다. 서울을 가로지르며 주변의 것들을 관찰해 왔다면, 하남시부터는 내 마음의 소리에 집중할 수 있게 되었다.

📍 어서 오십시오 경기도 하남시입니다.
경기도 하남시 풍산동 218-34

나는 서울과 하남에서 달릴 때 신호등이 많은 점을 긍정적으로 생각했다. 평소 신호등은 러닝의 흐름을 끊는 존재이기 때문에 별로 좋아하지 않는데, 지금은 이야기가 다르다. 500km를 달리려면 쉴 수 있을 때 최대한 쉬어야 했다. 속도보다는 지구력으로 종주를 하는 게 나의 전략이었는데, 지금 생각해 보면 과한 욕심을 부리지 않고 현명하게 잘 대처했던 것 같다.

하남 시내를 달리면서 느낀 점은 참 살기 좋은 동네라는 것이다. 고요하지만 갖출 것은 다 갖추어져 있고, 녹지율도 높다. 특히 산과 강이 가까운 동네라는 점이 마음에 들었다. 하남에 연고가 없어서 올 일이 없었던 동네인데, 이렇게 뛰어서 오게 될 줄은 몰랐다.

하남의 신장동을 벗어나며 팔당대교로 올라가는 길은 조금 위험했다. 자전거길은 나름대로 정비가 잘 되어있지만, 사람이 다니는 길은 아무도 다니지 않아서 잡초가 무성히 자라 있었다. 걸어도 되는 길인지 구분을 하지 못할 정도였다.

정리가 덜 된 이 길을 보면서 한가지 생각이 들었다. 아, 모든 길이 내 예상처럼 순조롭지는 않겠구나. 지금까지 수도권에서 도시와 도시를 넘나들면서 달린 것은 비교적 안전한 달리기였다. 하지만 부산까지 가면서 무조건 보도가 존재한다는 생각은 큰 착각이었다. 어디든 길이 있는 것이 분명하지만 실제로 내 예상과는 다른 길들이 나를 맞이했었다.

팔당대교에서 달릴 때 도심을 벗어나 부산을 향해 달려가는 여정이 시작되고 있다고 생각했다. 보도에는 사람이 거의 없었고 자전거를 타는 라이더분들이 많아졌다. 그리고 팔당로의 잘 정비되어 있는 자전거길을 달리니 조금 안정감이 들기도 했고 끝없는 평지에 지루하기도 했다. 러닝머신을 오래 달리면 이런 느낌이다. 지루함은 견디면 그만인데 더위는 견디기 힘들었다. 이때가 오후 1시쯤이었는데 햇볕이 점점 강해지기 시작해 31도 정도 되었다. 날씨는 뜨거워지는데 심지어 배가 고프기 시작했다. 생각해 보니까 점심을 챙겨 먹지 않고 계속 달렸다.

배가 고픈 상태에서 그늘이 없는 자전거길을 달리니 몸이 빠르게 지치기 시작했다. 이때부터 어떻게든 식사할 수 있는 곳을 찾았다. 잠시라도 햇빛을 피하며 체력을 보충해야 할 것 같았다. 아니면 첫날부터 퍼질 것 같았다. 자전거길 주변에 음식집은 적당히 많았지만 1인이 식사를 할 수 있는 곳은 많이 없었다. 혼자 밥을 먹을 수 있는 식당을 찾을 때까지 계속 뛰어갔다. 그러다 '추억의 역전집'이라는 곳을 찾았다.

추억의 역전집
경기도 남양주시 조안면 다산로526번길 25-74

야외에 테이블이 깔려 있었고, 간단히 식사할 수 있어 보였다. 나는 땀에 전 상태로 식당에 들어가서 커피와 국수를 시켰다. 그리고 음식이 나오자마자 거의 2분 만에 다 먹었다. 배가 아주 고팠다. 음식을 먹으니까 주변을 둘러볼 여유가 다시 생겼다.

곧 주변의 시선이 느껴지기 시작했다. 서울에서뿐만 아니라 내가 어디에 있던 나를 보는 시선이 전부 비슷했다. 식당에서 느낀 사람들의 시선을 대충 표현하자면, '이 땀에 젖은 미친놈은 뭐지? 이 더운 날에 뛰어다닌다고?' 이런 느낌이었다. 이 당시에 적지 않은 라이더분들이 있었는데, 그분들의 눈에도 나는 연구 대상이었다.

종주가 며칠 동안 지속되고 나서는 이런 시선이 익숙해졌지만, 첫날까지는 조금 어색했다. 시선 처리를 어떻게 해야 하나 싶기도 했고, 나에 대한 관심이 조금 부끄럽기까지 했다. 그래서 얼른 식당에서 빠져나왔다.

9월 초쯤이면 조금 덜 더운 줄 알았는데 이것은 나의 큰 착각이었다. 오히려 8월의 여름보다 더 뜨거운 느낌이었다.

촛불이 꺼지기 전에 활활 타오르는 느낌이라고 해야 할까, 여름의 끝자락이어서 그런지 더욱 견디기 힘든 더위였다. 뜨거운 날 몇백 km를 달리는 것만큼 무모한 짓이 있을까?

가지고 있는 짐을 최대한 활용하여 더위에 대비하려고 했다. 가져온 얇은 재킷을 입고 모자를 써야 하나 고민하다가, 일단 모자만 푹 눌러썼다. 확실히 모자를 눌러쓰니까 햇빛이 덜 따갑게 느껴졌다.

난 아직 사막 마라톤에 나가보지는 않았다. '사막은 분명 이것보다 훨씬 더울 텐데, 대체 어떻게 그곳에서 마라톤하는 거지?'라는 생각이 들었다. 그러다가 '그래, 나는 지금 사막 마라톤 연습을 하는 거야'라고 합리화를 하기 시작했다.

'사막은 이거보다 덥다.'

'사막 마라톤을 연습한다고 생각하자.'

식사를 마친 후에는 지루한 자전거길을 계속해서 달렸다. 그래도 자전거길에서는 안전이 보장된다는 점은 좋았다. 자동차, 시골길과 다르게 온전히 달리기에 집중할 수 있는 것은 큰 장점이었다.

자동차 소리가 없는 곳에서 안정적인 달리기를 하니 나 자신과의 대화가 시작되었다. '그런데 내가 왜 이 미친 짓을 한다고 했을까?'라는 생각부터 시작해서 '양평역까지는 얼마나 더 가야 할까?' 등.

'나는 정말 호기심 하나로 이 혹독함을 경험해 보겠다고 덤벼든 것일까?' 평평히 다져진 자전거 길을 뛰어가면서 계속 곱씹어봤다. 나도 모르는 진짜 이유라도 있으면 좋겠지만 지금 당장은 내가 왜 이 길을 뛰어가고 있는지 생각이 떠오르지 않는다. 그냥 간다고 했으니 계속해서 달릴 수밖에.

잡념과 함께 달리는 도중에 나를 가볍게 추월해 가는 자전거들을 보면서 부러움을 많이 느꼈다. '나도 뛰지 말고 자전거나 탈 걸 그랬나? 자전거 타고 싶다.'

역으로 이런저런 생각을 할 힘이 남아있다는 것은 아직 여유가 있다는 사실이다. 벌써 포기하기에는 아직 에너지가 많이 남아있었던 것 같다. 비록 나는 빠른 러너는 아니지만 장거리 달리기를 할 만큼 지구력에서는 나름대로 자신이 있었다. 빨리 가는 것은 어려울지언정 멀리 가는 것은 자신 있었다.

첫째 날 코스에는 오아시스 같은 장소가 여럿 있었다. 뛰는 중간중간 터널이 있었는데 터널 안이 냉장고 수준으로 시원했다.

📍경기도 양평군 양서면 용담리 산25-35

 그와 반대로 터널 밖에서는 뜨거운 아지랑이가 피어오르고 있었다. 시원한 터널에 들어갔다 뜨거운 도로에 나와서 달리기를 몇 번이나 반복하니까 내가 쇠처럼 용광로에 담금질 되는 느낌이었다.

 이 구간에서는 뛰는 중간에 표지판을 보다가 '다음 터널 4km'와 같은 안내가 있으면 동기부여를 받고 더 열심히 뛰었던 것 같다.

 하지만 끝없는 길을 반복해서 달리는 기분은 조금 무서웠다. 자전거의 입장에서는 빠른 속도로 이 길을 통과하겠지만 나는 천천히 달리는 처지였기 때문에 모든 길을 곱씹으면서 달리고 있었다. 주변 풍경을 감상하고 느끼며 달릴 수 있는 건 좋았지만, 쭉 뻗은 길 때문인지 조금 공포감이 들었던 것 같다. 이런 공포감은 경의 중앙선 신원역이 보이기 전에 더욱 많이 들었다. 나의 선택으로 시작해 나만의 길을 걷는다는 것은 이런 느낌일까. 특히 도시의 건물과 자동차, 인적까지 사라지고 혼자 남아있으니 내 생각이 더욱 선명해진 느낌이었다. 긍정적이든 부정적이든 마찬가지였다.

조금 어지러운 생각들을 정리하고자 이어폰으로 노래를 듣고 싶었지만, 노래를 듣다가 자전거와 추돌사고가 날 수도 있을 것 같아서 이용하지 않았다. 그리고 핸드폰 배터리도 최대한 아껴야 했다.

오후 3시 30분, 체력이 급격히 떨어지기 시작했다. 아까 먹었던 국수와 커피의 힘이 전부 떨어진 것 같다. 그리고 햇빛은 최고로 뜨거워졌다. 내가 그토록 좋아하던 시원한 터널도 더 이상 보이지 않았다.
 잠시 더위를 식히기 위해 잠깐 신원역 화장실에서 세수하고 역사 내에 5분 정도 앉아있었다.

📍신원역
경기 양평군 양서면 신원역길 7

온몸이 땀인지 물인지 모를 정도로 젖어 있었다. 더위를 먹었는지 너무 멍한 느낌이었다. 힘이 쫙 빠진 상태로 역 안의 의자에 앉아있었다. 양평역 시내까지는 대략 13km 정도가 남아있는데, 평소에 동네에서 달리던 13km와는 체감상 다르게 느껴졌다. 그냥 기어서 갈까? 라는 생각이 들 정도로 부담스러웠다.

　남은 거리 계산을 하며 조금은 절망적인 생각을 하는 동안 맞은편에서 나를 가만히 지켜보던 할머니가 나에게 말씀하기 시작했다.

　"뭐를 했길래 그렇게 완전히 젖었어?"

　"안녕하세요, 할머니. 사실 제가 부산까지 뛰어가고 있어서요. 오늘 조금 덥네요"

　"뭐? 부산까지 가고 있다고? 자전거 타고?"

　"뛰어서 가고 있어요."라고 말하며 달리는 시늉을 하며 보충 설명을 해드렸다.

　"뭐? 뛰어서? 그게 가능해? 며칠 동안?"

　"넉넉히 10일 정도 예상합니다."

　추가로 나의 상황에 관해 설명해 드렸다. 할머니는 가만히 듣더니 이렇게 말씀하셨다. "오늘은 날씨가 너무 더워. 건강도 중요하니까 열차를 타고 양평역까지 가서 내일 다시 시작해도 돼 젊은이"

　마음 같아서는 나도 열차를 타고 싶었다. 그리고 할머니가 진심으로 나를 걱정하는 마음도 이해가 되었다. 날씨도 덥고 많이 지쳐 있었지만, 페이스가 느리더라도 편법은 쓰고 싶지 않았다.

정말 순수한 마음으로 달리기로 서울에서 부산까지 가고 싶었다. 만약 내가 여기서 열차를 타고 양평역까지 가면 서울에서 부산이 아니라 양평에서 부산이 되는 거 아닌가? 절대 그럴 수 없었다. 그래서 할머니에게 눈웃음으로 인사를 건네며 역 밖으로 나와 다시 달리기 시작했다. 내가 할 수 있는 특별한 방법은 없었다. 그냥 끝까지 달려서 목적지까지 가는 것이다. 달리다가 더우면 잠시 속도를 늦추고, 물을 마신 다음 또다시 달리고를 반복했다. 태양이 뜨거워졌을 때도 나는 내 달리기에 집중하려고 노력했다.

나는 무언가 한번 시작하면 끝장을 봐야 하는 성격이다. 특히 조건이 열악하다는 이유로 포기해 버리는 것을 가장 싫어한다. 환경과 조건을 핑계 대며 포기하기 시작하면 내 인생에 포기가 너무 많아질 것 같다. 나는 오히려 그게 더 무섭다.

이건 저래서 안 되고, 저건 저래서 안 되고. 하지 못할 이유를 제시하는 방법은 너무 쉽고, 또 너무 많다. 나는 내가 그렇게 되는 게 무서웠기에 항상 가능한 이유를 찾으려고 했다. 운이 좋게도 이런 마인드가 종주 기간 동안 나를 많이 지탱해 줬다. 나 자신에게 고마웠다.

이런저런 생각들을 긍정적으로 전환하며 달리다 보니까 점점 양평역에 가까워졌다. 12km가 곧 10km가 되고 10km가 곧 8km가 되었다.

잘 생각해 보면 지금까지 온 거리에 비하면 얼마 남지 않은 거리였다. 8km 정도면 동네에서 하는 조깅 정도라고 생각하면 된다. 고집스러운 나의 정신이 지친 몸을 부여잡고 뛰는 느낌이었다. 더위를 먹은 상태로 53km 이상을 달려온 뜨거운 내 몸뚱이와, 버려버리고 싶은 4kg의 트레일 러닝백, 한여름의 내 모습이 불쌍하기도 했고, 조금 대견스럽게 느껴지기도 했다.

포기하지 않고 계속 앞으로 달려가고 있는 내 모습은 지금까지 내가 삶을 살아온 태도와 비슷하기도 한 것 같다. 이래서 달리기에는 우리의 인생이 담겨있다고 하는 걸까. '나의 달리기가 삶의 투쟁에서 시작되었을까?' 하는 생각을 문득 했다.

평탄하지 않은 삶으로 인해 힘든 상황이 정말 많았기에 나에게는 과감함과 끈기가 필요했다. 어려운 상황 앞에서 무언가 과감히 돌파해야 하는 상황이면 과감히 돌파하려고 노력했고, 변화가 필요한 상황이면 유연하게 변화하려고 했다.

나에게도 주어진 운명이 있다면 운명에 저항하듯 살아왔다. 항상 지금보다 더 나은 나와 상황을 찾고 싶었기 때문이다. 어쩌면 나의 달리기에는 나의 인생이 반영되어 있는지도 모르겠다.

하지만 모두가 나처럼 무식하게 달리기를 바라지는 않는다. 나에게는 장거리 달리기가 정답일 수 있어도 다른 사람에게는 적합하지 않을 수도 있으니까.

양평역을 향해 가는 길은 내 몸의 고통과 달리 매우 아름다웠다. 시야에 녹색이 많이 들어오기 시작했고 도시의 번잡함이 눈에 띄게 줄어들었다. 그리고 공해가 사라진 게 확실히 느껴져서 좋았다. 도시에서는 눈앞에 건물이 있고, 다른 방향으로 눈을 돌리면 또 다른 건물이 있어서 멀리 볼 일이 별로 없었는데 탁 트인 시야가 확보된 것도 좋았다.

그리고 더 좋았던 것은 오늘의 도착지까지 3km 정도 남았다는 사실이었다. 양평역에 도착하기 전에 마지막으로 급수가 필요하다고 생각해서 눈앞에 보이는 주유소 편의점에 들어갔다.

📍 알뜰 강가 주유소
경기 양평군 양평읍 경강로 1638

주유소 사장님은 나의 행색이 신기했는지 뭐 하시는 분이냐고 여쭤보셨다.

"뛰어서 국토 종주하고 있습니다."

"뛰어서요? 자전거로 하시는 게 아니라 뛰어서 한다고요?"

"네, 뛰어서 하고 있어요. 잠시 목이 말라서 물 좀 사려고 들어왔습니다."

사장님은 눈이 휘둥그레졌다.

"달려서 종주하는 게 가능해요?"

그러면서 내가 딱하게 보였는지 얼음컵과 비타민 음료를 추가로 주셨다. 그리고 나에게 힘내라고 진심 어린 격려를 해주셨다. 나에게 가장 필요한 것이었다. 정말로 감사했다.

주유소에서 5분 정도 휴식하고 나와서 다시 양평 시내로 향했다. 얼마 안 남은 거리에 내리막을 조금 내려가다 보니 양평 시내와 약간의 아파트들이 보이기 시작했다. 종주한 지 아직 하루도 되지 않았는데 사람들이 무리 지어 살아가는 동네를 보니까 안도감이 느껴졌다. 이쯤에서 나도 어쩔 수 없는 사회적 동물이라고 느꼈다. 평소에는 도시의 건물이나 아파트들이 밀집되어 있으면 지루하고, 답답하다고 치부해 버렸지만 반대로 국토를 횡단하면서 사람들이 모여 사는 곳을 보면 마음에 안도감이 느껴졌다.

양평의 '물 맑은 양평 체육관'을 지나와 오른쪽으로 들어오니 드디어 나의 목적지인 양평역이 보였다.

📍 양평역
경기도 양평군 양평읍 역전길 30

어렵사리 양평역에 도착해서 든 생각은 '와, 이게 이렇게 힘이 들 일인가?'였다. 내가 몇 달간 상상하며 진심으로 바라던 아름다운 국토 종주의 환상이 깨졌다. 특히 이 뜨거운 더위를 견디며 계속 뛰어야 했기 때문에 대비책이 필요했다. 평균 31~33도에 육박하는 더위에서 61km를 달리는 건 절대 쉽지 않았다.

그래도 서울을 벗어나 다른 지역에 도착했다는 사실 하나만으로 기뻤다. 부산까지는 아직 갈 길이 멀었지만 그래도 첫날부터 꽤 많이 움직여서 여기까지 왔다. 우선 예약해 놓은 모텔에 체크인해 샤워하고, 오늘 입은 옷을 빨래하고 싶었다. 몸에 열기가 가득 차서 내가 곧 터질 것 같은 느낌이 들었다.

허름한 모텔에서 샤워를 하고 빨래도 하고 나오니 그나마 인간의 모습으로 돌아온 느낌이었다. 더 늦기 이전에 저녁밥을 먹고 빨리 쉬고 싶었다. 너무 나른했다. 식당을 찾아다니며 조금이나마 양평 시내를 구경했다.

무엇을 먹을까 계속 고민을 하다가 양평이 해장국이 유명하다는 사실을 떠올렸다. 눈에 보이는 해장국 집에 들어가서 해장국을 시켜 먹었는데 너무 맛있었다. 하긴, 오늘 하루 종일 제대로 먹지 못한 상태인데 무엇인들 맛이 없을까? 허기가 조금 가시니 다시 생각할 힘이 생겼다. 소화를 시킬 겸 동네를 돌아다니며 내일 먹을 음식을 사려고 돌아다녔다.

하지만 양평 시내의 특성인지 저녁 9시가 안 되었는데 가게들이 문을 하나둘씩 닫고 있었다. 아무래도 유동 인구가 많지 않아서 문을 일찍 닫는 것 같았다.

나는 내일 아침 식사로 무엇이 좋을까 고민하던 찰나에 떡이 좋겠다고 생각했다. 떡은 탄수화물 덩어리라서 달리기나 트레일 러닝과 같이 열량 소모가 큰 운동에는 매우 적합한 음식이다. 즉석 섭취가 가능하므로 먹기도 편리하다. 에너지 젤이 맞지 않는 사람들은 떡을 먹는다고 이야기를 주워들어서 나도 따라 해봤는데 꽤 괜찮은 것 같다.

문제는 떡을 사기 위해 떡집에 갔는데 떡집도 문을 닫고 있었다. 아쉬워하며 편의점에서 대체할 만한 것을 사려고 발길을 돌리던 찰나에 갑자기 떡집 주인분이 나오셔서 송편 한 팩을 주셨다. 남은 재고가 있는 줄 알고, 기뻐하며 계산하려고 했다.

"남아있는 게 있네요, 감사합니다. 얼마예요?"

"그냥 가져가세요"

"네? 그래도 그렇지 어떻게 그냥…"

"그냥 가져가셔요. 대신 나중에 한 번 꼭 들려주세요"

나는 이 상황에서 그동안 뛰어오느라 지친 마음을 한 번에 위로받았다. 선한 마음이 진심으로 느껴졌다고 해야 할까, 일면식도 없는 나를 위해 선심을 써주셔서 진심으로 감사했다. 이곳은 내가 양평에 다시 간다면 꼭 들려야겠다고 생각했다.

만약에 서울과 같은 대도시였다면 이런 일이 가능했을까? 우리가 사는 사회에서 대부분에는 가치가 매겨져 있고 값을 지불해야 그것을 취할 수 있다. 나도 그런 세상에서 살아왔고, 그게 당연하다는 생각이 단단히 굳어있었다. 그렇게 꽁꽁 얼어 붙어있던 내 생각에 떡집 아저씨의 따뜻한 선심은 큰 충격이 아닐 수 없었다. 그동안 나는 왜 모든 것에

값을 매기려고 했을까. 차가운 시스템 속에 살면서 선심이라는 존재 자체를 잊고 살아왔음을 느꼈다.

떡과 편의점에서 산 음료수를 검은 비닐봉지에 넣고 숙소에 털레털레 돌아왔다.

숙소에서는 내일 달리기 준비를 했다. 다음날 경로를 체크해봤는데 지도상에서는 위험 사항이나 특이 사항이 없었다. 특히 둘째 날은 오늘의 절반 정도인 30km 정도만 달리면 됐다. 거리가 짧으니 확실히 심리적으로 부담이 덜 했다. 오늘 푹 쉬고 내일은 조금 천천히 달리기를 시작하려고 했다. 쌓인 피로를 최대한 달래 줘야 멀리 갈 수 있다고 생각했기 때문이다.

DAY 2

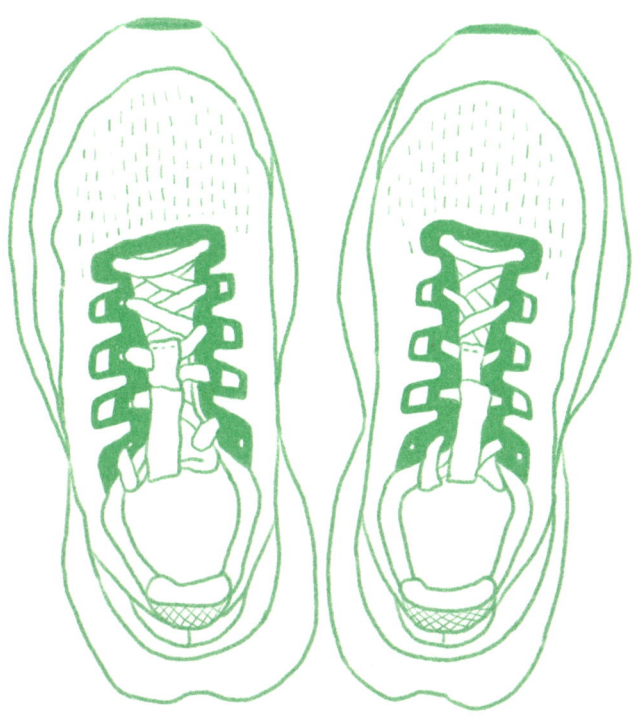

Day 2

쉬운 건 없을까요?

32.05km

▶ **일자** : 2023년 9월 6일(수)
▶ **경로** : 양평역 → 여주시청

어두운 모텔방에서 이런저런 생각을 하다가 잠에 들었다. 침대는 딱딱해서 불편하다고 생각했었는데 잠은 꽤 깊게 잔 듯했다. 하긴 어제 땡볕에서 60km 이상을 달렸는데 피곤하지 않은 게 더 이상하다. 잠은 확실히 보약이라고 생각했다.

8시간 정도 깊은 잠을 자니까 핸드폰 배터리를 급속충전한 듯, 몸도 어느 정도 살아났다. 물론 미세한 근육통이 남아 있었지만, 이 정도면 달릴 수 있는 정도였다. 어젯밤에는 오늘의 내가 달릴 수 있을까를 걱정했는데, 불가능하지는 않아 보였다. 어제 담금질을 당하며 잃었던 탄력을 다시 찾은 기분이었다.

나갈 준비를 하고 나서 어제 널어놓은 빨래들이 마른 것을 확인했다. 혹시나 덜 마르면 어떡할지 고민했었는데 그래도 다행이었다. 나는 아무렇게 널브러뜨려놓은 짐들을 다시 트레일 러닝백에 욱여넣기 시작했다, 말린 옷, 세면도구, 음료, 행동식, 보조배터리 등등.

종주 때 은근히 귀찮았던 것은 장거리 달리기 후 짐을 풀고 싸는 것을 매일 반복하는 것이었다. 또, 빨래가 은근히 성가셨다. 기나긴 달리기가 끝난 상태에서 온전히 쉬지 못한 채 곧바로 내일을 준비하는 과정에서 체력 소모가 심했다.

[종주 후 저녁 루틴]

빨래 → 건조 → 식사 → 콘텐츠 정리(글쓰기, 사진)

그리고 빨래를 매일 하다 보니 물집이 자주 잡혔다. 종주를 위해 챙긴 크림을 자주 발라주니 그나마 버틸 만했다.

짐을 전부 챙겨 놓고 침대 위에 올려놓았다. 어제와 마찬가지로 트레일 러닝백이 빵빵해 보였고, 보는 것만으로도 무거워 보였다. 내가 아직 무게에 적응을 못 한 걸까, 아니면 생각보다 내가 짐을 많이 챙긴 걸까? 그렇다고 맨몸으로 뛰면 조금 나을까? 어차피 달려서 힘든 것은 마찬가지니까, 어쩔 수 없었다.

나는 가방에 들어있는 것 중 먹어서 없앨 수 있는 것들은 최대한 빨리 먹어서 무게를 줄이자고 생각했다. 무게를 10그램이라도 줄이면 심리적으로 위안이 될 것 같았다.

이런저런 생각을 하며 어제 받은 떡과 편의점에서 사 놓은 에너지 드링크를 먹었다. 솔직히 어제저녁처럼 따듯한 밥을 먹고 싶었지만 조금 더 여유를 부렸다가는 저녁의 휴식 시간이 줄어들기 때문에 최소 오전 9시 정도에는 달리기를 시작해야 했다.

종주 동안 저녁 휴식 시간을 최대한 많이 확보하는 게 중요했다. 저녁에 푹 쉬어야 내일의 내가 덜 고생할 것으로 생각했다. 그래서 나는 잠시 쉬는 시간을 제외하고 최대한 달려서 목적지까지 가려고 했다.

나가기 전에 경로를 다시 체크했다. 다시 보아도 전혀 어렵지 않은 길이었다. 어제처럼 자전거길을 쭉 따라가기만 하면 됐다. 거리는 어제의 절반 정도였다. '쉽네'라고 생각하고 허름한 모텔을 나왔다, 앞날을 모른 채.

장소는 다르지만, 어제의 서울역과같이 사람들은 하루를 시작하고 있었다. 각자에게 주어진 일을 하러 가고 있거나, 배우러 가고 있었다. 서울역은 사람이 많고 여행자들도 섞여 있어서 사람들의 움직임이 활기차고 역동적으로 보였었는데 양평역은 그와 반대였다. 모두가 루틴화 된 하루를 보내고 있었다.

루틴화 된 하루, 비슷비슷한 일상을 살아가는 당사자들은 그런 삶이 지루하고 고문처럼 느껴질 수 있을 것 같다. 그리고 그들로서는 SNS에 비치는 화려한 이들의 삶이 부러울 수도 있을 것 같다. 하지만 내 눈에는 무던하게 자신의 일상을 살아가는 사람들이 멋있다. 화려하지 않아도, 눈에 보이지 않아도 각자의 자리에서 각자의 역할을 하는 사람들이 있기에 사회가 유지되는 것으로 생각하기 때문이다. 사회적 역할을 다하기 위해 움직이는 사람들, 그리고 그런 사회에서 이탈해 부산을 뛰어가고 있는 나. 새롭게 시작된 평범한 하루였다. 출근하는 사람들을 보면서 깊은 생각을 하다가 천천히 출발하기 시작했다.

오늘은 마음의 여유가 있는 만큼 눈에 보이는 풍경들을 눈에 담으려고 노력했다. 실제로 양평에서 여주로 가는 경로는 정말 예뻤다. 가을이 찾아오기 전의 초록 느낌과 강변의 조화로움이 안정적으로 느껴졌다.

비교적 덜 더운 아침에는 남한강 길을 쭉 따라 내려가며 아침햇살을 느낄 수 있었고 산책하는 사람들과 조깅하는 사람들을 보며 달릴 수 있었다. 마을 주민들의 발걸음과 아름다운 풍경을 보며 나 혼자 흐뭇해하기도 했다.

남한강의 정취와 산맥을 보면서 또 황홀경에 빠지기도 했다. 서울에서 멀어질수록 자연이 보존되어 있는 경우가 많았다. 하지만 인적이 드문 것은 조금 무서웠다. 아직 한적한 시골에 적응되지는 않은 것 같다.

양평에서 여주로 가는 경로에서는 그리 높지 않은 고개를 넘어서 내려왔다.

📍 후미개 고개
경기 양평군 개군면 구미리 산13-2

후미개 고개의 내리막을 달려내려 올 때 보이는 풍경은

특히나 환상적이었다. 양쪽에는 산이 있어 시야 폭이 좁았는데, 그것 때문에 처음에는 강이 호수처럼 보였다. 뛰어 내려오며 그 광경을 보는데 처음에는 호수인 줄 알았다. '앞으로 마음에 여유만 있다면 종주를 하며 이런 것을 자주 볼 수 있을까?' 하는 생각이 들었다.

하지만 문제는 오전 11시부터 시작되었다. 오늘 나를 괴롭히는 것은 물 부족이었다. 우선, 이포보쯤을 지나니까 햇볕이 뜨거워지기 시작했다. 더 최악이었던 것은 더위를 피할 곳이 없던 것이었다. 어제처럼 잠깐이나마 더위를 식힐 수 있는 터널 같은 것은 찾아볼 수 없었다. 거리가 짧다는 이유로 어제와 달리 물을 조금만 챙겼는데, 이로 인해 나중에 급수에 문제가 생겼다.

담낭 지구공원쯤 갔을 때는 '이게 사막이랑 다를 게 뭐지?'라고, 생각할 정도로 뜨거운 열기를 마주했다.

달리면서 '잠깐만 걸을까?'라는 고민을 했지만, 이 날씨에는 걸어도 힘들 것 같아서 차라리 계속 달렸다.

내가 거리가 짧다고 쉽게 생각하며 간과한 것이 있다. 양평 시내를 벗어나기 전에 경로만 확인했지, 급수 포인트는 전혀 확인하지 않았던 것이다.

짧은 거리의 쉬운 코스라고 자만한 내 탓이었다. 아무리 30km의 거리여도 장거리 달리기이다. 결코 쉬운 게 아니다.

예상처럼 여주 초입에서부터 물이 부족하기 시작했다. 심지어 식당이 열려 있지도 않았다. 지도상에는 편의점이 있다고 표시되어 있는데 실제로 문을 열지 않은 곳도 몇 군데 있었다. 이때부터 심리적으로 불안감을 느꼈다. 날씨는 뜨거운데 물은 부족하고, 주변에 식당도 없었다. 어제와 달리 오늘은 점심을 먹겠다고 다짐했지만, 결국은 어제와 똑같았다. 특히 아침과 같이 아름답게 공원이 조성되어 있는 곳도 사라졌다. 주변이 황무지 같았다.

특히 가장 무서웠던 것은 내가 이 상황을 당장 해결할 방법이 없다는 것이었다. 그냥 여주 방향으로 계속 뛰는 것만이 유일한 방법이었다.

탈진한 내 몸을 부여잡고 계속 뛰었다. 뛰다 보니까 길게 쭉 이어진 길바닥에 국토 종주라고 적혀 있었다. 정면에는 아스팔트가 이글이글 타오르고 있었다. 어제보다 아지랑이가 더욱 강렬하게 피어오르는 것 같았다. 그리고 그곳을 달리고 있는 멍청한 사람은 나밖에 없었다. 나중에 찾아보니 이날이 폭염주의보였다고 한다.

마른침을 삼키며 달리다 보니까 탱크 두 대랑 군인 여러 명이 보였다. 처음에는 내가 헛것을 본 줄 알았다. 국토 종주길 주변에 웬 탱크?!

아마 큰 훈련 중이었던 것 같다. 나도 고생 중이지만 땡볕에 가만히 서 있는 군인들도 고생이라고 생각했다. 한여름의 탱크와 그 주변의 병사들, 그리고 노란색과 검은색 조합의 트레일 러닝백을 메고 그들을 가로질러 가는 이 장면이 얼마나 부조화하고 웃긴가? 내가 괜히 그들의 집중과 고요를 흐트러뜨리는 반란군처럼 느껴졌다.

12시 30분, 뛰다가 발이 너무 뜨거워져서 잠시만 쿨다운을 하고 다시 출발해야겠다고 생각했다. 밥을 제대로 먹지도 못했으니, 잠깐이라도 쉬는 게 좋다고 판단했다. 그래서 오두막 같은 시설물이 보이자마자 헐레벌떡 뛰어갔다. 더운 건 마찬가지였지만 햇빛이 없다는 것만으로도 감사했다.

신발과 양말을 벗고 30분 정도 누워있었다.

'와… 미치겠다. 나는 어디고, 여기서 무엇을 하는 걸까? 그리고 왜?' 육하원칙에 따라 내 자신에게 질문을 하기 시작했다. 이제는 달리기보다는 이런 미친 짓을 하는 내 자신에 대해서 호기심이 생길 정도였다. 그리고 불과 이틀 만에 새까맣게 타버린 나의 꼴이 웃겼다. 달리기가 좋다 못해, 대한민국을 종주할 생각을 다 하다니.

허름한 오두막에 혼자 누워 나 자신을 생각하며 낄낄거렸다. 아마 누가 봤다면 정신 나간 사람쯤으로 생각했을 것 같다.

조금 더 뛰어가다 이곳 주민으로 보이는 분에게 편의점이 어딘지 여쭤보았다. 이제는 물이 아예 없었기 때문에 상황이 심각해질 가능성이 있었다. 근데 주민분의 대답은 7km 정도를 가야 한다고 했다. 여주시청까지 남은 거리가 8km인데 편의점이 7km이면 사실상 거의 도착해서 물을 마셔야 한다는 말 아닌가? 평소면 7km는 참고 견딜 만했지만 이 당시에 온도는 31도였고 나는 거의 24km째 달리고 있었다. 불안한 마음에 페이스를 올리기 시작했다. 힘이 없지만 쥐어짜 내려고 했다.

좀비같이 달리는 도중에 아파트 경비실 크기의 자그마한 건물이 눈에 들어왔다. 나는 본능적으로 거기로 뛰어갔다.

사람이 있는지도 몰랐는데 지푸라기라도 잡는 심정으로 건물 쪽으로 다가갔다. 물이 절실했기 때문이다.

아니나 다를까 군인 두 명이 앉아서 책을 읽고 있었다.

"저기 죄송한데 혹시 물 좀 빌릴 수 있을까요? 주변에 편의점이 없어서…"

나는 약간 절실한 목소리로 헌병들에게 급히 물을 빌렸다. 그 둘은 서로 눈빛 교환을 하더니 내게 물통을 건넸다.

나는 감사하다고 거듭 말씀드리며 물을 채우고, 허겁지겁 마셨다. 둘은 나를 보며 약간 킥킥거렸다. 하긴 그들의 입장에서는 이 상황이 얼마나 웃길까? 21세기 대한민국에서 물을 구걸하는 남자가 있다니. 나를 보고 웃는 것에 화가 나기 보다는 오히려 미안했다.

목을 간단히 축이고 여주 시내로 계속 향하는 길은 쭉 펼쳐진 지루한 길이었다. 끝이 없을 것 같은 그런 길이었다. 늘어선 길을 보니 갑자기 화가 났다. 왜 끝이 보이지 않을까? 이 길의 끝은 어디일까? 무엇을 원하기에 이 고생을 하고 있을까? 이때쯤 달리다가 혼자 외마디 비명을 지르기도 했다.

"아!!!!!!!!!!!!!!!"

내가 했던 정말 황당한 각오가 하나 있다. 오늘 종주가 끝나면 '무조건' 짜장면과 탕수육을 먹겠다는 각오다.

갑자기 이상한 포인트에서 보상 심리가 생긴 것 같아 조금 웃겼다. 아니면 이 당시에는 진짜 배가 고파서 이런 생각이 들었으려나. 꾸역꾸역 여주보까지 갔는데 정신이 없이 달려온 탓에 여기까지 어떻게 왔는지 기억이 잘 나지 않는다. 좀비 같은 상태로 계속 뛰었던 것 같다. 이쯤 되니 여주까지 남은 거리는 4.3km였다. 거의 다 왔다는 사실에 그나마 안도감을 느꼈다.

여주보를 건너니 오른쪽에 큰 건물이 보였다. 그 당시에는 그 건물의 용도가 뭔지 몰랐는데 나중에 와서 보니 '여주보 문화관'이라고 한다. 나는 이 건물의 화장실로 들어가서 샤워하듯 세수하고 머리에 물을 끼얹었다. 그나마 열기가 조금 가시는 것 같았다.

만약 오늘도 42km 이상의 달리기를 했다면 분명히 포기를 하거나 힘들게 달렸을 것이다. 오늘도 분명 짧은 거리였지만 반쯤 미친 상태로 달렸기 때문이다.

영화 〈트루먼 쇼〉가 진행 중이었다면 내 꼴을 지켜보고 있는 관객들이 끅끅거리면서 웃지 않았을까? 어제까지만 해도 서울에 있던 멀쩡한 사람이 불과 2일 만에 폭탄 맞은 사람처럼 몰골이 초췌해진 상태로 여주에서 달리고 있다. 달리고 있는 사람은 나지만 '이게 말이 되는 상황인가?'라는 생각을 많이 했다.

오후 2시 30분, 여주 도심에 들어서며 남은 거리가 2km 쯤 되었을 때 작고 큰 건물들이 보이기 시작하니까 기분이 그렇게 좋을 수가 없었다.

아무도, 아무것도 없는 곳을 달리다가 사람들이 조금이라도 모여 사는 곳을 보면 그렇게 반가울 수가 없다.

여주는 양평보다 조금 큰 동네 같았다. 한강을 기준으로 남·북 도시가 나뉘어져 있었고 높은 건물들도 꽤 있었다. 한강이 있어서인지 동네가 더 커 보였다. 둘째 날은 32km의 비교적 짧은 거리를 달렸지만, 심리적으로 큰 스트레스를 받은 날이었다. 분명 초반에는 기분 좋게 시작했지만 여주 초입에서부터는 지옥을 경험한 느낌이었다. 아마 내가 쉽다고 생각하고 달리기에 임해서 그런 것 같다. 역시 세상에는 쉬운 게 없는 것 같다.

📍 여주시청

경기 여주시 세종로 1 여주시청

여주시청에 도착 후 몸의 긴장이 조금 풀려서 잠시 앉을 수 있는 곳을 찾았다. 숙소까지는 1km 정도 더 걸어야 했는데 당장은 움직일 힘이 없었고 몸이 너무 뜨거웠기 때문이다. 열기를 식힐 필요가 있었다.

달리기가 종료되자마자 하루 종일 숨어있던 편의점들이 이제야 보이기 시작했다. 얄미웠다. 그리고 양평에서 떠나기 전에 제대로 준비를 안 한 내 자신에게도 조금 화가 났다.

어쨌든 오늘도 살아서 도착했으니까 그건 다행이다. 장거리 달리기를 좋아하는 나에게도 뛰어서 국토를 종주하는 것은 생각보다 힘든 일이었다. 아무리 느리게 달린다고 하더라도 여름날 4kg쯤 되는 트레일 러닝백을 짊어지고 계속 뛰는 게 불편하게 느껴졌다. 앞으로 며칠은 더 뛰어야 할 텐데 내 몸이 잘 버텨주기를 바랐다.

앉은자리에서 20분 정도를 쉬다가 숙소로 발걸음을 향했다. 숙소까지 1km 정도를 걸으며 여주 시내를 조금이나마 들여다볼 수 있었다.

뜨거운 날씨의 탓인지 여주는 양평보다 유동 인구가 적은 느낌이었다. 사람이 많이 돌아다니지 않는 느낌이었다. 겉으로는 큰 아파트가 번듯하게 서 있었지만, 골목에는 옛날의 흔적들이 많이 남아 있었다. 학교 앞 낡은 간판이 있는 작은 문방구, 키가 작은 학교. 그런 것들이 옛 향수를 불러일으키는 동네였다.

내가 살고 있는 곳은 여주와 반대로 전부 새로운 것들로 바뀌고 있는 동네다. 사람도, 건물도 전부 마찬가지다. 그래서 옛날의 흔적들을 쉽게 찾아볼 수가 없다. 변화와 발전이 무조건 나쁜 것은 아니지만 옛날의 흔적이 완전하게 사라진 것은 조금 슬프다. 그래서 여주 시내를 보면서 조금 특별한 감정을 느꼈던 것 같다.

숙소에 들어오자마자 바로 샤워를 하고 빨래를 했다. 그리고 아까 했던 다짐과 같이 탕수육과 짜장면을 시켜 먹었다. 오늘은 도저히 밖에 나가서 밥을 챙겨 먹을 힘이 없었다.

밥을 먹다가 고개를 올려다봤는데 화장대 거울의 내 모습이 눈에 들어왔다. 몰골이 말이 아니었다. 하루 종일 태양 아래 있어서 피부가 새까맣게 타버린 동시에 두 눈은 힘이 풀려 있었다. 내가 알던 내 모습이 아닌 것 같았다. 단기간에 사람의 모습이 이렇게 쉽게 변할 수 있구나 라고, 생각했다.

'그냥 편하게 집에 있어도 됐을 텐데 나는 왜 이런 허름한 모텔에 쪼그려 앉아서 이러고 있을까?' 밥을 먹고 나니 이런 생각이 들었다.

그와 동시에 문득 나의 도전이 이해되지 않는다는 듯 말하는 사람들의 발언이 머리에 스쳐 지나갔다. 어쩌면 그들의 말이 맞았던 걸까?

서울에서부터 여주까지 거의 90km를 달려온 나 자신이 대단하면서도 이게 맞는 건지, 한여름의 무모한 도전은 아닌지 혼란스러웠다. 아마도 혼자 있는 시간이 많아지면서 생각이 더욱 깊어진 것 같다. 특히나 모텔의 퇴폐적이고 꿉꿉한 분위기 때문에 부정적인 생각이 배가 되었다. 더 이상 부정적인 생각이 머릿속에 맴돌지 않도록 텔레비전을 틀어놨다. 나는 잘하고 있다. 내가 원해서 하기로 했고, 모든 과정에는 당연히 노력이 필요하다.

그래도 다행인 점은 거리가 짧아서 종주가 일찍 끝났다는 것이다. 일찍 끝난 만큼 내가 쉴 수 있는 시간도 길었다. 나는 침대에 누워서 내일 경로를 다시 확인했다. 내일은 경기도를 넘어서 충청북도 충주까지 가는 날이다. 드디어 수도권을 넘어서 충청권으로 진입하는 것이다. 그것도 내 두 발로.

아직 절반의 절반도 오지 않았지만, 지도를 보면서 흡족해했다. 어쨌든 움직임이 있다는 사실만으로도 만족할 수 있었다.

상상이라는 것은 정말 신기하다. 사무실에서 시작된 작은 생각 하나로 미동을 만들어내고 있는 게 느껴졌다.

만약 내가 현실과 타협해, 내가 했던 생각들을 망상으로 치부했다면 나는 지금 무엇을 하고 있었을까? 사무실에 앉아서 평소 하던 일을 하고 있었을까?

'그래, 내가 뛰지 않으면 뭐 하고 있겠어, 하고 싶을 때 하는 거지'하고 생각을 매듭지었다.

허전한 모텔방을 조금이나마 덜 썰렁하게 하려고 틀어놓았던 티브이를 껐다. 그리고 잠에 들기 전에 내일의 경로를 확인했다.

내일부터는 자전거 길이 아닌 일반 보도로 경유해서 충주까지 간다. 처음으로 정해지지 않은 길로 가는 날이었다. 자전거길을 찾아봤으나 여주에서 충주까지는 무려 66km가 걸리는 거리였다.

지금으로서는 66km를 전부 달릴 자신이 없었다. 나의 몸 상태와 더불어 숫자 앞에서 겁을 먹었다. 물론 자전거길은 평탄화가 되어있는 편이어서 달리기는 편했지만, 너무 지루했다. 그래서 보도로 가는 길을 선택했다. 그래도 54km가 넘는 장거리였다.

또, 내일 저녁에는 로리가 충주에 오기로 예정이 되어있었다. 로리는 나흘 동안 충주부터 대구까지 나와 함께 달려주겠다고 했다. 혼자 있으니 갑자기 밀려오는 부정적인 생각도 그렇고 조금 힘겹다고 느끼는 찰나에 로리가 와준다니 당연히 고마울 수밖에 없었다. 그러면서도 위험천만한 여정에 끌어들인 게 아닌가 하는 생각이 있어서 많은 걱정이 되었다. 왜냐하면 종주 달리기는 우리가 지금껏 해온 러닝과는 다르다는 생각이 들었기 때문이다. 오늘까지는 자전거길을 통해서 안전하게 왔지만 포장된 길을 벗어나면 언제 어디서 사고가 발생할지 모른다. 지금까지는 나 혼자만 책임지며 달리면 됐었지만, 내일모레부터는 내가 로리를 팀원으로서 책임지며 달려야 했다.

DAY 3

Day 3

충청북도 충주시

54.11km

▶ **일자** : 2023년 9월 7일(목)
▶ **경로** : 여주 → 충주역

 새벽 4시 30분, 늦지 않게 일어나려고 맞춘 알람이 요란하게 울리기 시작했다. 사실 알람이 울리기 몇십 분 전쯤 이미 잠에서 깨어있긴 했지만, 침대에 붙어있었다.

 침대에 붙어있는 이 시간이 너무 소중했다. 왜냐면 나는 또 뛰러 나가야 하니까. 오늘도 50km 이상 멀리 달려야 한다는 생각에 눈을 질끈 감았다. 종주를 하면서 아침에 일어날 때마다 하루의 시작이 부담스러웠었다.

가야 할 거리가 먼 만큼, 나는 조금 일찍 달리기를 시작하려고 준비했다. 어제 먹다 남은 탕수육도 조금 먹고, 에너지드링크도 챙겨 마셨다. 확실히 빈속을 채우니까 조금 나아지는 기분이 들었다. 지금 나아진 기분처럼 오늘 하루 달리기도 평탄했으면 좋겠다는 희망 어린 생각을 했다.

옷가지와 풀어놓은 짐들을 챙기고 나오니 시간은 5시40분쯤 된 것 같다. 오늘은 수도권을 넘어서 충청북도로 진입하는 특별한 날이었다. 2일 연속 100km 가까운 거리를 달려온 탓에 몸은 당연히 뻐근했지만 아직은 할 만했다. 주변을 한 번 둘러본 후, 숨을 깊게 들이마시고 달리기 시작했다.

여주 금강산 모텔
경기 여주시 강변유원지길 22-17

그래도 오늘을 시작할 때 온도는 18도였다. 이 정도면 달리기에 최적화된 날씨였다. 모텔방에서 나올 때 혹시 몰라서 바람막이를 껴입고 나왔는데 괜찮았던 선택 같다.

확실히 야외 달리기는 날씨가 매우 중요하다고 느꼈다. 땡볕에서 며칠 동안 달리다가 시원한 날씨에서 달리니 확실히 덜 힘들었고 몸도 가볍게 느껴졌다. 우려했던 것과 달리 페이스도 안정적이었다. 계속 이런 환경에서만 뛸 수 있다면 좋겠지만 아침 해가 뜨면 지옥이 시작될 걸 알았기에 들뜬 마음을 최대한 자제하려고 했다. 내가 해가 뜨기 전 할 수 있는 것은 최대한 많은 거리를 달리는 것이었다.

달리기를 시작한 지 1km쯤 되었을 때 행군하는 군인들을 마주쳤다. 어제부터 군인들을 자주 마주쳤는데 아마 주변의 모든 부대가 훈련하는 것 같았다. 나는 충주 방향으로 내리막길을 뛰어가고 있었고 군인 무리는 내 방향으로 올라오고 있었다.

다들 피곤함에 찌든 것으로 보아 야간 훈련을 마치고 복귀하는 것 같았다. 문득 군인들을 보면서 대견하다는 생각이 들었다. 나도 저런 시절이 있었지만 비교적 집에서 가까운 곳에서 근무했기에 군 생활에서 큰 고생을 했던 경험은 별로 없었고 울타리의 답답함을 느낀 게 전부였다.

그래서 나는 행군 대열들을 보며 멋있다고 생각했다. 다들 다치지 않고 무사히 군 생활을 끝마쳤으면 좋겠다. 모든 사람의 하루가 시작되기 이전에 마주친 사람들은 군인들이 전부였기 때문에 아직도 더욱 선명히 기억에 남는다.

3일 차가 되니까 조금씩 마음의 긴장도 풀리고 심리적인 압박도 많이 사라졌다. 며칠 달렸다고 요령이 조금 생긴 것 같다. 특히 오래달리기의 적절한 페이스를 찾은 것이 가장 좋았다.

지금, 이 상황에서 욕심을 내면 더 빠르게 달릴 수 있었 겠지만 나는 마라톤 대회가 아니라 며칠 동안을 길게 달려 야 하는 입장이었다. 그래서 첫째 날에는 페이스 조절이 어려웠다. 매번 컨디션이 괜찮았음에도 불구하고 빨리 달리고 싶은 욕구를 자제하려고 했는데 이게 더 어려웠던 느낌이 있었다. 이런 과정에서 지혜와 절제력을 많이 배웠다.

이날은 새벽안개가 껴있었는데, 풍경이 장관이었다. 안개 낀 시골과 논밭, 그리고 산을 등지고 슬슬 동이 트고 있었 다. 그런 풍경들을 보고 잠시 넋을 잃고 있다가 또 다른 방 향을 보니 밭일하는 어르신들이 몇 분 계셨다. 저분들은 저 렇게 매일 부지런하게 사셨겠지? 라는 생각이 들었다.

📍 여주시 신진동 80-73

그리고 시골길을 달리면서 간혹 목줄이 풀려 있는 강아 지들이 짖으면서 나를 쫓아올 때는 조금 놀랐다. 내가 놀라 서 흥분하는 모습을 보이면 강아지들이 더 공격적으로 따라올 것 같아서 최대한 침착한 상태로 내 갈 길을 갔다.

슬슬 달리면 달릴수록 도시의 흔적이 점점 사라지기 시작했다. 내가 머물던 여주까지는 제법 도시 같은 구색이 갖춰져 있었는데 몇 km쯤 달려오다 보니 그런 흔적들이 말끔하게 없어졌다. 대신 아기자기한 시골 마을들이 보이기 시작했다. 건물 많고 사람 많은 곳에 살다 보니 이런 변화를 금방 느끼는 것 같다.

이른 아침 시골을 달릴 때, 내가 보고 느끼는 것에 대해 어떠한 방해도 받지 않아서 좋았다. 사람도 많이 없는 자연 그대로 작은 시골 마을의 조화로움이 있는 그대로 느껴진다고 해야 할까, 이때쯤에는 도시 사람들이 왜 시골을 찾는지 이해가 되었다.

📍 여주 우만동 154

나는 시골 마을의 모든 건물이 작다고 생각했다. 직사각형의 1층 건물들과 작은 운동장, 특히 작은 학교까지.

내가 살던 곳과 비교했을 때 여기는 소인국이 아닌가 싶을 정도로 모든 게 작아서 신기했다.

신기한 듯 시골 마을을 살펴보며 달리던 찰나에 변수가

발생했다. 셋째 날의 변수는 경로에서 발생했다. 이날은 산을 하나 넘었어야 했는데 그 산이 거의 야산에 가까웠다.

산 이름은 소무산이었다. 이른 아침이라 그런지 이 산에는 사람이 아예 없었고, 산길도 정비가 거의 되어있지 않았다. 특히 내 옆으로 작은 뱀들이 꿈틀거리며 지나가는 것도 여러 번 봤다. 혹시나 우회로가 있나 찾아봤지만 돌아가려면 충주까지 60km를 가야 했다.

"미쳤다…" 평화롭게 시골길을 달리다가 갑자기 내 옆으로 지나가는 뱀들, 정비가 잘 되어있지 않은 야산 등, 여러 가지 이유로 소름이 끼쳐서 이 산을 빠르게 벗어나고 싶었다. 마음이 간절해졌는지 갑자기 달리기 속도가 빨라졌다. 나는 나가는 길이 어딘지도 모른 채 본능적으로 앞으로 달렸다. 내가 들어온 방향에서 반대가 되는 곳으로 달리고 달렸다. 길이 없는 경우는 직접 길을 만들면서 갔다. 그렇게 소름 끼치는 트레일 러닝을 하다 보니까 남한강 줄기가 보였고, 접근금지 표시가 되어있는 외딴 공사 현장이 나타났다.

📍 **경기도 여주시 점동면 도리 361-7**

왜 이 동네에는 사람이 없지? 여기에도 사람이 없었다. 다음 시골 마을을 찾아야 충주 방향을 찾을 수 있을 것 같았는데 지금으로서는 확신이 없었다. 그리고 소름 끼치는 트레일 러닝으로 인해 정신이 없는 상태였다.

산을 벗어나 조금 밝은 곳으로 나오니 반대편에는 작은 섬 같은 게 보였다. 처음에는 그게 한강 북쪽인 줄 알았는데 나중에 찾아보니 강천섬이었다.

해가 뜨기 시작하면서 물안개가 진하게 보이며 감상적인 풍경을 자아냈다. 아무도 없는 이곳에서 나는 그 광경을 보며 순식간에 천국과 지옥을 오가는 듯한 느낌이었다. 어디에 장단을 맞춰야 할지 몰라서 머리가 약간 어지러웠다.

미칠 듯이 아름다운 절경과 사람이 아무도 없는 곳, 누가 사라져도 모를 것 같았던 곳.

그냥 자전거길로 안전하게 가야 했을까? 아니면 이 어려운 모험을 계속하는 게 맞을까?

마음을 조금 진정시키고 소무산과 공사 현장을 지나 충주 방향으로 다시 달리기 시작한다. 슬슬 임도가 보이기 시작했다. 그리고 인적이 없던 공사 현장에 자동차 한 대가 들어오고 있었다.

나는 무인도에 며칠 갇혀 있어 사람이 그리운 듯 본능적으로 자동차로 달려갔다. 그리고 자동차 창문을 내리는 아저씨를 붙잡고 곧바로 질문을 했다.

"안녕하세요. 아저씨 혹시 제가 가는 방향으로 내려가면 시골 마을 나와요?"

아저씨는 웃으면서 "네 5분 정도 가면 돼요."라고 말씀해 주셨다. 와! 드디어 마을이라니! 나는 아저씨에게 감사하다는 인사를 드리고 빠르게 내리막을 내려갔다.

안도의 한숨이 나왔다. 시골이든 도시이든 간에 사람들이 함께 머물러있는 공동체만 있다면 심리적 안정감을 느끼며 달릴 수 있었다. 나는 혼자 있는 것을 좋아하는 사람인 줄 알았는데 지금 보면 어쩔 수 없는 사회적 동물인 것 같다.

안정적인 길에 들어섬과 동시에 기분이 좋아졌다. 그리고 야산 앞에서 겁먹고 도망치지 않고 맞서 싸워 이겨낸 나 자신이 대견했다.

종주는 이런 돌발상황들을 한둘씩 툭 던지며 해결을 요구한다. 그리고 나는 어려운 상황들을 해결하며 점점 단단해지고 있음을 느꼈다.

소무산에서 내려오니 도리라는 작은 동네가 나왔다. 정말 작은 동네였다. 시골 중에서도 정말 시골 같은 곳이었다. 대한민국에도 이런 곳이 있구나 라는 생각이 들었다. 하긴 내가 한국 전체를 가 본 것도 아니고, 한국에 대해서 다 안다는 생각이 오만한 거 아닐까?

여기를 달리면서 나는 계속 여행자 마인드로 살아갈 수 있는 사람이 되리라고 생각했다. 어디를 가든 항상 새로움을 느낄 수 있는 사람, 같은 것을 보더라도 새로운 관점에서 새로운 것을 탐색할 수 있는 사람.

그러고 보니 점점 더 서울에서 멀리 떨어진 삶을 살고 있다. 그것도 부산으로 가는 길에 있는 지역들을 내 발로 직접 달리며 피부로 느끼고 있다. 인터넷에 떠다니는 다양하고 정확한 정보들보다 직접 달리면서 보고, 느끼고 경험한 것들이 더욱 가치 있다.

실제로 서울을 떠난 지는 3일밖에 되지 않았지만 달리기 행위와 주변을 관찰하는 행위에 몰입하다 보니 체감상 일주일 이상은 밖에 있었던 것 같다.

슬슬 시간개념이 흐려지는 기분이었다. 매일 자고 일어나서 달리고, 저녁에는 밥을 먹고, 일어나서 달리기를 반복하니까 생각이 조금씩 단순해지는 것 같다.

2일 차가 지나고 나서 머릿속에 쌓여 있던 스트레스가 조금씩 사라져가는 기분이 들기도 했다. 물론 몸은 힘들고 피로도 조금씩 쌓여가고 있지만 그래도 내가 몰랐던 곳들을 달리며 길을 찾아가는 과정이 재미있었다. 나한테는 이런 과정이 게임 같았다.

도리를 지나서 삼합리라는 곳을 지나는 길이 아름다웠다. 주로 양옆에는 큰 나무들이 곧게 뻗어 있었고 따스한 햇볕이 내리쬐고 있었다. 영화 속에서 본 듯한 장면에서 내가 뛰고 있는 기분이었다. 약간의 오르막이 있었지만, 경사가 심하지는 않았다.

아름다운 풍경에서 달리는 기분은 항상 황홀하다. 달릴 때 느껴지는 고통을 순식간에 잊게 해준다. 그래서 달리기가 힘들어도 그 순간의 기억이 미화되는 것일까? 되돌아보면 나쁜 달리기는 한 번도 없었던 것 같다.

아침 8시 23분, 아직 해가 뜨겁지는 않았지만 그래도 미리 더위에 대비해야겠다고 생각해서 모자를 쓰고 추가로 바람막이 후드도 뒤집어썼다. 더위에 대비하는 찰나에 멀리에서 표지판이 보이기 시작했다.

왼쪽으로는 〈안녕히 가십시오, 여주시입니다〉라고 적힌 표지판이 있었다. 그리고 오른쪽 표지판에는 〈충청북도 충주시)라고 적힌 녹색 표지판이 있었다.

📍충청북도 충주시
충청북도 충주시 앙성면 단암리 산11-4

아직 갈 길이 멀었지만 그래도 수도권을 넘어서 충청북도까지 왔다는 사실에 조금 뿌듯했다. 이런다고 누가 알아주는 것도 아니지만 내가 행복함을 느끼고 기뻐하는 것을 보니 나는 확실하게 내가 좋아하는 것을 하고 있었다. 특히나 국토 종주 행위에 몰입하고 있음이 느껴졌다.

부산 방향으로 달려갈수록 지역이 바뀌고 내가 뛰는 곳의 분위기가 바뀜을 느끼는 게 좋았다. 도시에서 달릴 때와 마찬가지로, 지역과 지역 사이의 경계선에서만 느낄 수 있는 사람의 손이 덜 탄 분위기와 오묘함이 좋았다.

특히 지방을 넘어 다닐수록 사람들의 말투나 특징이 미묘하게 바뀐다. 이런 것도 달리기 종주를 통해 찾아볼 수 있는 재미였다.

충청북도에 들어섰다는 사실만으로 동기부여가 되어 에너지가 생겼다. 갑자기 내가 꽤 잘 해내고 있다는 생각이 들었다. 솔직히 말해서 둘째 날까지는 나도 이 프로젝트에 대한 큰 확신이 없었다. 오히려 주변 사람들의 차가운 반응에 '그런가?'하고 동의할 여지가 있었다. 그래도 내 생각을 끝까지 믿어보고자 여기까지 왔다.

특히 다른 지방으로 넘어오니 내가 확실하게 나아가고 있음이 느껴졌다. 충주에 들어오고 나서부터 프로젝트의 성공 가능성을 조금씩 느꼈다. '아직 절반도 안 되는 거리지만 이대로만 간다면 충분히 가능하겠다. 다만 더위에는 충분히 대비하자.'

나는 더 열심히 달렸다. 비록 충청북도에 들어왔지만, 오늘의 도착지인 충주역까지는 아직 갈 길이 멀었기 때문이다. 날씨가 더 뜨거워지기 전에 미리 달려야 한다.

충주 초입에 들어와서 양쪽으로 논이 있는 1차선 도로를 달리는데, 갑자기 대형트럭이 나를 추월했다. 그리고 나서는 내 앞에 정차했다. 나는 처음에 자동차에 문제가 있나? 하고 생각했는데 갑자기 운전석 창문이 내려가며, 선글라스를 쓴 아저씨가 나를 쳐다봤다. 아저씨는 나에게 작은 물병을 툭 던져주며 말을 걸었다.

"야, 너 이거 필요하지?"

순간 조금 당황했다.

"네? 어…. 네…"

"뭐 하는데?"

"뛰어서 부산까지 가고 있습니다."

씨익 웃으시더니 "힘내"라고 짧게 말하고 가셨다.

나를 어디서부터 지켜본 것인지 모르겠지만 대형트럭의 아저씨가 주신 생수 한 병은 오아시스 같았다. 마침 시원한 물을 먹고 싶었는데 처음 본 아저씨가 물 한 병을 툭 던져주시고 "힘내"라고 말씀하고 가신 것이었다.

비록 1분도 안 되는 짧은 대화였지만 "힘내"라는 두 글자와 시원한 생수에 마음속의 강한 울림이 있었다. 아마도 트럭 아저씨가 말씀하신 "힘내"라는 말씀이 진심이기 때문에 울림이 있었던 게 아닐까? 세상은 아직 살 만하다고 생각하며 생수를 벌컥벌컥 마셨다.

충주에 들어와서는 잠시 남한강 자전거길을 달릴 수 있었는데, 여주 자전거길처럼 지루하게 느껴지지 않았다. 자전거길이어도 전부 지루한 길은 아닌 것 같아서 다행이라고 생각했다. 같은 자전거길이어도 길마다 특성이 다른데, 이 구간의 길은 마을과 연계가 되어있기도 했고, 그늘을 피할 수 있는 나무도 있어서 비교적 달리기에도 수월했다.

달리다 보니까 〈매점 2km〉라는 표지판이 눈에 들어왔다. 마침 물이 부족하기도 했고 쉴 시간이 되었기에 매점이라고 표시되어 있는 곳으로 따라갔다. 자전거 길을 잠시 벗어나 오른쪽 골목으로 달려가서 도착한 곳의 이름은 '작예정 쉼터'였다.

📍작예정 쉼터
충북 충주시 앙성면 음촌1길 84

쉼터 앞에는 큰 마당이 있었고 매점이라는 단어에 비해 규모가 컸다. 중간 크기의 카페 정도 되는 규모였다. 나는 조심스럽게 쉼터 건물로 들어갔다. 근데 불이 켜져 있지 않았다. 사람도 없었다. 주인도, 손님도. 아무도 없었다. 문만 열려 있었다.

처음에는 무인으로 운영되는 시스템인 줄 알았다.

"사장님!"

몇 번 소리쳐서 사장님을 불러봤지만 아무도 나타나지 않았다. 조금 의아했다. 이러면 누가 무엇을 훔쳐 가도 모를 텐데, 시골이라 이렇게 문을 열어놓은 걸까?

그러다가 계산대 앞에 작게 적혀 있는 전화번호를 발견하고 전화를 했다. 전화를 받으신 분은 중년의 여성분 같았는데, 지금은 본인이 병원에 있다며 원하시는 음료수를 고른 다음에 말해주는 계좌번호로 음료숫값을 입금해 달라고 했다.

계좌로 내가 고른 음료수를 입금하고 나무 목재로 된 큰 테이블에 앉았다. 이렇게 널찍한 장소에 나밖에 없으니까 어색하기도 하고 마음이 편하기도 했다. 종주 달리기를 하면서 쉴 때는 제대로 쉬는 게 얼마나 중요한지 깨닫고 있었다.

내가 있는 곳에서 충주역까지 얼마나 남았나 확인을 해보니 26km 남짓 남았다. 절반 가까이 달렸는데 시간도 오전 10시 30분 정도밖에 되지 않았다. 확실히 일찍 아침 달리기를 시작하니 시간적 여유도 있고 마음도 편했다. 며칠 전까지 있던 조급한 마음을 버리고 조금 더 천천히 달리기로 다짐했다.

아무 생각 없이 쉬고 있는 찰나에 어떤 할머니가 쉼터로 들어오셨다. 처음에는 발걸음 소리가 아예 들리지 않아서 인기척을 못 느꼈다. 근데 어느덧 내 옆에 할머니가 계셨다. 인사를 드리니 할머니께서 내 테이블에 앉았다. 할머니는 귀가 잘 들리시지 않는 것 같았다. 그래서 목소리를 조금 높여서 이야기를 나눴다.

"딸은 어딨어?"

"네? 딸이요?"

"응, 딸한테 전화해 봤어?"

할머님이 쉼터 사장님의 어머님이 신 것 같았다.

"할머님, 사장님 금방 오신대요"

할머님은 따님을 걱정하시다가 조금 안심하는 눈치였다. 이어서 내가 계좌이체로 음료수를 계산했다고 말씀드리니까 요즘은 핸드폰으로 돈을 보낼 수 있냐고 하시면서 신기해하셨다. 나는 요즘은 핸드폰으로 돈을 보낼 수 있다고 간단히 설명해 드렸다. 조금 놀라시는 눈치였다.

이어진 할머님의 질문에 부산까지 뛰어가고 있다고 말씀을 드렸다. 차분하게 계시다가 놀라셨다.

"부산에 뛰어간다고. 자전거가 아니라?"

"네, 달리기를 좋아해서 도전해 보고 있어요. 할머님"

할머님은 나를 잠시 쳐다보시더니 조금 깊이 생각 하시는 것 같았다. 그러고는 다시 나에게 말씀하셨다.

"대단하네"

할머님은 평생 충청도에서 사셨다고 한다. 특히 충주에 오래 사셨다고 하셨다. 이야기를 들어보니 지금 사시는 마을에 대한 자부심이 굉장했다. 자기가 사는 곳에 대한 자부심이 있다는 것은 굉장히 건전한 자신감이라고 생각한다. 나도 내가 살고 있는 곳을 다른 사람에게 자신 있게 소개한 적이 있을까? 라고 생각을 해봤다. 분명 장점도 있을 텐데 나쁜 점만 본 것 같아서 반성했다.

할머님과 오랫동안 이야기를 나누고 싶었지만 시간이 늦어지기 전에 계속 달려야 했다. 할머님과 헤어지기 전에, 이 시간을 기억하고 싶어서 함께 사진을 찍자고 했는데 생각보다 너무 기뻐하셔서 나도 기뻤다. 할머님이 사진을 찍으면서 말씀하셨다. "늙으면 아무도 쳐다봐 주지 않는다네." 이 말을 들은 순간 그 어느 누구도 삶에서 고독하지 않았으면 좋겠다고 생각했다. 할머님이 건강히 오래오래 사셨으면 좋겠다고 생각하며 또다시 발길을 향했다.

작예정 쉼터에서는 몇십분 정도 쉬었다. 슬슬 몸이 뜨거워질 찰나였기 때문에 몸을 식혀줄 필요가 있다고 생각했다. 쉼터에는 화장실이 있어서 머리에 물도 끼얹었다.

작예정 쉼터라는 곳에 흥미가 생겨 찾아보니 자전거 종주하시는 분들에게 나름 유명한 곳 같았다. 자전거를 타시는 분들이 편안하게 휴식하기 좋은 장소라고 생각했다.

앙성온천 부근에서 밥을 먹기 전까지 6~7km 정도를 추가로 달렸는데, 그 길들은 달리기 정말 편했다. 자전거길과 차도가 공존하는 길이었는데 자동차는 많이 다니지 않았다. 사람들의 왕래가 많은 곳은 아닌 것 같았다.

곡선 형태의 길에 양옆으로 쭉 뻗은 나무들이 햇빛을 막아주는 방패 역할을 했다. 이렇게 좋은 길이 있는데 자전거를 타는 사람들이 많이 없어서 조금 신기했다. 사람이 너무 없어서 혹시 내가 모르는 다른 길이 있는 건가, 라는 생각을 조금 했다.

달리고 달리다 보니 허름한 공중전화 부스 같은 게 보였다. 자세히 보니 '비내섬 인증센터'라는 부스 같았다. 자전거로 종단하시는 분들이 인증 스탬프를 찍는 곳이다. 나는 인증센터를 멀뚱멀뚱 쳐다보다가 그냥 출발했다. 처음에는 나도 국토 종주 인증 도장을 찍으면서 종주를 해야 하나 고민했지만, 자전거를 타고 종주하는 것이 아니니까 그냥 도장인증 없이 달리기로 했다.

점심시간이 다가오며 해가 조금 뜨거워지기 시작했다. 2일동안 점심을 생략하고 달려서 고생했던 경험이 있기에 오늘은 무조건 점심을 먹고 다시 달리자고 마음을 먹었다. 장거리 달리기에서는 에너지 보충이 정말 중요하다.

먹지 않으면 오래 달릴 수 없다. 무조건 잘 먹어야 한다. 중간에 잠깐 식사하는 시간이 아깝다고 계속 달렸다가는 분명히 퍼지게 되어있다.

12시 30분, 눈앞에 보이는 우렁 쌈밥집에 들어가서 청국장을 시켜 먹었다. 그리고 반찬까지 전부 깔끔하게 먹었다. 이틀 동안 배달 음식과 초콜릿바 같은 것만 먹다가 따듯한 밥을 먹으니까 확실히 든든해졌다. 다시 뛸 힘이 생겼다.

식당에서 충주역까지 남은 거리는 19km 남짓이었다. 물론 지도상에 보이는 숫자지만 계산에 의하면 하프마라톤 거리(21.0975km)도 남지 않는 거니까 거의 다 와 간다고 자신했다.

하지만 양성 온천 부근에서 충주역까지 남은 거리를 달릴 때 꽤 많은 고개를 오르고 내렸다. 그나마 다행인 점은 오전처럼 산을 타지 않았다는 것이었다. 고도가 있는 임도를 달리며 자동차가 올 때는 갓길로 피해 있다가, 자동차가 지나가면 다시 달려가기를 반복했다. 이쯤에서 속도가 많이 느려졌다.

가끔 갓길에 멈춰 있을 때 뱀이 깜짝 놀라 도망치는 모습을 여러 번 봤다. 뱀을 볼 때마다 순간 속도가 빨라질 정도로 소름이 끼쳤다. 특히 여주에서 충주로 가는 구간에서 뱀을 많이 만났다.

오후 2시, 슬슬 해가 뜨거워지기 시작했다. 또다시 시작된 더위와의 사투에서 저항하다 보니까 에너지가 금방 소진됐다. 오전에 7분 페이스를 안정적으로 유지하다가 오후에는 거의 8분대 페이스로 줄어들었다. 아마 언덕을 오르락내리락하면서 페이스가 줄어든 이유도 있을 것이다. 그늘이 보일 때마다 멈춰 서서 열기를 식히려고 했지만 열기가 쉽게 식지는 않았다.

종주를 하면서 어려웠던 것 중 하나는, 나무가 없는 시골길에서 더위를 피할 방법이 전혀 없다는 것이다. 이런 경우는 자외선 용품을 잘 챙겨서 더위에 대비하거나 덥지 않은 계절을 선택하여 달리는 수밖에 없다.

나는 해가 쨍쨍한 날 시골길을 달리는 게 정말 힘들고 싫었다. 더위에 약한 나에게는 고문과 같았다.

뜨거움을 견디며 고개를 넘고 시골길을 통과하며 달리다 보니 드디어 중앙탑이 보이기 시작했다. 그리고 또다시 자전거길이 보이기 시작했다. 조금씩 자동차가 지나가는 소리도 많이 들리고 저 멀리에서는 충주 시내가 보였다.

현대인들의 트렌드 중 하나는 '언택트'지만 나는 〈미친 달리기〉 프로젝트를 하면서 무인도에 갇힌 사람이 된 듯, 사람들이 너무 그리웠다. 특히 큰 도시가 아니더라도 사람들이 모여 있는 곳이면 반가웠다. 마음이 안정되는 느낌이 들었다.

매일 도시에 파묻혀 있을 때는 전혀 몰랐는데, 시골길을 지나 사람이 없는 산길을 계속 달리며, 가끔은 방향감각을 잃어간 채 뛰다 보면 나와 비슷한 사람의 존재가 그리워진다. 가끔은 지나가는 사람들을 붙잡고 말을 걸고 싶은 심정이었다. 미친 듯이 외로웠다. 그리고 모든 과정이 고통스러웠다.

탄금대 쪽에서는 충주의 푸르지오 아파트가 더 가까이 보였다. 저 아파트가 보이는 거면 곧 충주역이라는 생각에, 있는 힘껏 달렸다. 솔직히 마지막에는 너무 더워서 빨리 숙소에 들어가고 싶었다. 나의 몰골은 어제보다 더 최악이었다. 피부톤이 아예 바뀔 정도로 타버렸고, 자외선을 계속 흡수한 바람에 몸이 너무 피곤했다. 휴식이 필요했다.

충주역
충북 충주시 충원대로 539

오후 3시 20분, 내 시계에는 54km쯤 달렸다고 표시가 되어있었다. 길을 잃지 않아서인지 예상했던 거리와 같았다. 오늘은 더 이상 뛰지 않아도 된다는 사실에 행복했다.

충주역에 도착한 후 나의 몸과 마음은 만신창이였다. 충주까지는 어떻게든 잘 왔지만 지금 상태로는 내일의 내가 달릴 수 있을까 라는 생각을 했다. 3일 동안 누적 147.5km를 달렸으니 어쩌면 피곤한 건 당연한건가?

또 다른 걱정이 있었다. 내일부터는 로리가 나흘 동안 나와 함께 달릴 예정이었다. 나로서는 로리가 나와 함께 해준다니 고맙기도 했고, 한편으로는 내가 잘 이끌어줘야 한다는 책임감이 있었다. 동네에서 하는 러닝이었으면 로리에게 "나 오늘 힘드니까 네가 오늘은 리딩해줘!"라고 쉽게 말할 수 있을 테지만 종주는 잘 못하면 큰 사고가 날 수 있기 때문이었다. 어떻게든 되겠지 싶으면서도 마음속 책임감은 쉽게 사라지지 않았다.

모텔에 들어와서 샤워하니 한결 나아졌다. 하지만 슬슬 발이 망가지기 시작했다. 발바닥이 까지기도 했고 물집이 여러 군데 잡히기도 했다. 오른쪽 약지 발톱은 곧 빠질 것처럼 보였는데, 특히 발톱만 빠지는 게 아니라 살도 함께 떨어져 나갈 듯 보여서 보기 흉측했다. 하지만 지금 떨어질 것 같은 발톱을 제거하면 남은 기간 달리기에 지장이 생길 것 같았다. 부산에 도착할 때까지만 떨어져 나가기 직전의 발톱을 고정해 놔야 했다. 그러기 위해서 내가 챙겨온 밴드들을 이어 붙인 후, 그 위에 작게 자른 스포츠 테이프를 붙여서 드레싱이 흔들리지 않도록 최대한 고정했다.

망가진 나의 발을 다시 봤다. 지금 내 상태와 비슷했다. 그러면서 오늘 달렸던 코스에 대해서 복기를 해봤다. 오늘 달린 여주 → 충주 코스는 정말 어려웠다.

처음에는 멀쩡히 시골길을 달렸다. 그러다가 갑자기 야산 같은 산에서 길을 헤쳐가며 트레일 러닝을 하기도 했으며, 소름 끼치는 산을 벗어나니 물안개와 한강의 조화로운 절경을 갑자기 마주하기도 했다. 이제는 아무 일 없겠지? 라고, 생각 할때쯤에는 뱀과 함께 달리기도 했다. 모든 것에 지쳤을 때쯤에는 지나가는 트럭 아저씨가 창문을 내려 물병을 툭 던져 주기도 했다.

달리기 한 번에 인생이 요약된 것 같았다. 특히 오늘 달리기는 몇 시간 안에 희로애락이 전부 들어있었다.

만약 신이 나를 보고 있다면 나를 들었다 놨다 하는 게 아닐지 하는 생각도 했다. 신이 없다면? 내가 대한민국 종주 프로젝트를 너무 쉽게 생각한 것이다. 특히 2D지도를 참고하면서 오르막에 대한 계산을 제대로 안 한 것은 나의 큰 실수다. 한국은 작은 산이 많은 나라이다. 아무리 자전거 길이라고 할지라도 내가 예상한 평평한 자전거 길이 아니다. 고개를 넘어가야 했다.

복기가 끝난 후에는 내일의 코스를 다시 확인했다. 내일은 충주역부터 경상북도 문경까지 가는 날인데 충청도에서 경상북도까지 가려면 이화령 고개를 넘어야 한다고 나와 있었다. 걱정이 조금 앞섰다. 지금 누적된 피로도로 경상북도까지 잘 갈 수 있을까? 이화령 고개? 얼핏 찾아봤을 때는 꽤 높은 것 같은데 내가 오르막길을 잘 달릴 수 있을까?

침대에 누워서 내일의 코스를 확인하며 마음의 각오를 하는 찰나에, 로리가 충주에 도착했다고 연락이 왔다. 나는 로리 앞에서 발가락 상처를 숨기려고 양말을 신었다. 그리고 로리를 맞이하러 나갔다. 확실히 내가 사랑하는 사람이 옆에 있다는 사실 만으로 나에게 큰 안정감이 느껴졌다. 로리가 오는 순간 꽁꽁 얼어붙어 있던 마음이 녹아내리는 기분이었다. 여기까지 와준 것 자체만으로도 고마웠다.

로리가 더위를 피할 수 있는 용품들을 잘 챙겨와 줬다. 팔토시도 챙겨와 줬고 모자에 탈부착이 가능한 햇빛 가리

개도 챙겨와 줬다. 확실히 이전보다는 더위를 피하는 데 도움이 될 것 같았다. 로리는 나보다 준비성이 철저한 사람이라서 내가 의지할 수 있는 사람이었다.

우리는 내일 챙길 짐을 체크한 다음에 바로 잠에 들었다. 언제 잠들었는지도 정확히 기억나지 않을 정도로 피곤했다.

DAY 4

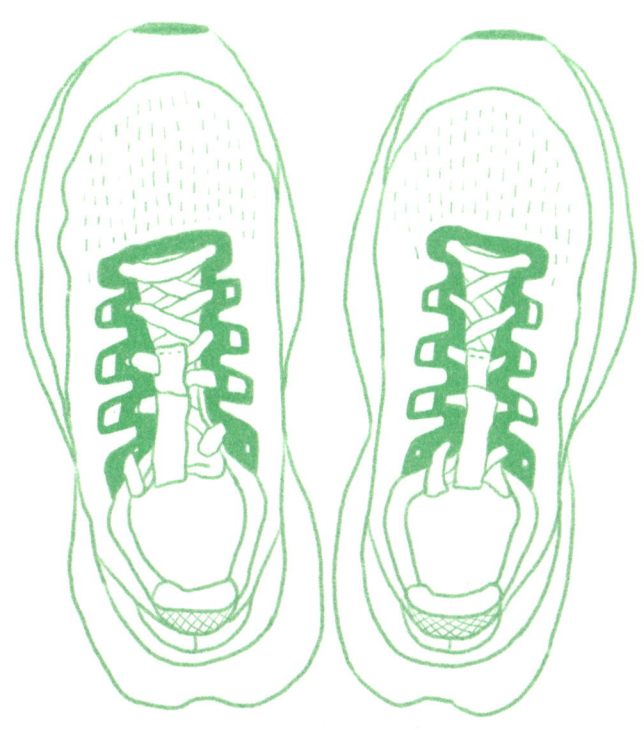

Day 4

문경과 이화령고개

55km

▶ **일자** : 2023년 9월 8일(금)
▶ **경로** : 충주역 → 문경 버스 터미널

무슨 자신감인지 모르겠지만 평소보다 2시간 이상 늦게 일어났다. 솔직히 너무 피곤해서 알람을 타이트하게 맞춰놓지도 않았다. 직장으로 치면 지각이었다. 오늘은 55km를 달려야 하는데.

오늘 나의 몸 상태는 100점 중 30점 정도였다. 만약 혼자 있었다면 조금은 무기력했을 것 같다. 하지만 옆에 누군가가 있으니 내 몸 상태 이상으로 사용할 수 있는 힘이 생겼다. 그리고 로리에게 힘든 모습을 보여주고 싶지도 않았다. 나에게는 호기심과 더불어 도전이지만 로리는 즐기러 온 입장이라는 것을 잘 알기에 부담을 주지 않으려고 노력했다.

3일간의 경험을 한 후로 부산까지의 남은 기간이 절대 쉽지 않을 것임을 인지했다. 내가 사무실에 앉아서 상상하던 로망 따위는 이미 사라지진 오래이며 이 과정이 결코 즐거울 수 없다는 것도 뼈저리게 깨달았다. 더 몰두해야 했다. 그러는 동시에 함께하는 사람을 챙기며, 부담을 주지 않으려고 해야 했다. 나 자신도 잘 챙기지 못하는 상태였지만 그래도 나는 최선을 다하려고 했다.

평소보다 코스에 대해 자세하게 조사를 해놨다. 그래서인지 평소보다 긴장이 많이 되지는 않았다. 충청도에서 경상북도를 넘어서려면 소조령 고개와 이화령 고개를 넘어야 했다. 어차피 넘어야 할 산이 많다면 최대한 즐기는 마음으로 가자고 다짐했다. 그리고 적지만 나름 트레일 러닝 경험이 있었기에 오르막에 대한 두려움은 없었다.

우선 속도 조절을 위해 로리한테는 조금만 천천히 가자고 했다. 피로 누적도 있고, 오르막도 있을 것이라고 말했다. 오늘은 평균 8분대 페이스로 달렸다.

어제 로리가 나를 위해 가져와 준 자외선 차단 용품들

은 정말 유용했다. 아마 이 용품들이 없이 부산까지 가려고 했다면 꽤 힘들었을 것 같다. 햇빛을 덜 받으니, 지구력이 눈에 띄게 좋아졌다. 그늘이 없어도 자외선을 차단할 수 있으므로 덜 지치는 느낌이었다. 멈추지 않고 계속 갈 힘이 생겼다. 이때 야외 달리기는 확실히 계절의 영향을 많이 받는 운동이라고 생각했다. 오르막을 달리는 게 힘들긴 해도 나무가 햇빛을 가려주는 트레일 러닝이 문득 그리워졌다.

종주 기간, 충주에서 문경으로 가는 구간이 가장 재미있었다. 달리는 주로에 볼거리가 많아서 지루하지 않았다. 그리고 이 구간에는 라이더들이 많았다.

문경으로 가는 길 초입인 '팔봉향산길'은 큰 산으로 둘러싸여 있었다. 좁은 달천강의 줄기와 곡선의 길이 이국적인 풍경을 자아냈으며, 가끔 자동차와 버스가 한두 대 다닐 정도로 여유가 있는 분위기였다. 특히 자전거길과 자동찻길의 구분이 잘 되어서 안정감을 느끼면서 달릴 수 있었다. 지금까지 달려왔던 길 중 도로의 폭이 가장 넓었고 자동차도 없었으니 당연히 마음도 트이는 느낌이었다.

나는 이 구간에서 가능하다면 사진과 영상을 많이 남기려고 했다. 아름다운 자연 때문인지, 내 옆에 누군가가 있어서인지 잘 모르겠지만 마음이 편했다. 지난 3일이 긴장 상태였다면 오늘은 조금 이완된 상태였다. 이게 런트립(Run-Trip)인걸까. 출발할 때 걱정했던 상태와 다르게 이 과정을 즐기고 있었다.

우리는 달리다가 수주팔봉에 멈춰 서서 잠시 구경하고, 구름다리를 건너보기도 했다. 수주팔봉을 건너 길에서 보았을 때 느낀 점은 중화권 나라의 명산 일부를 보는 것 같았다. 작지만 웅장한 느낌이었다.

📍 수주팔봉
충북 충주시 살미면 토계리

한국도 이렇게 아름다운 곳이 많은데, 아직 대중에게 알려지지 않은 곳도 많을 것 같다.

이래서 무언가를 자세히 들여다보는 습관이 중요한 것 같다. 비행기를 타고 멀리 떠나지 않고도 주변을 자세히 살펴보는 것만으로도 숨은 보석 같은 곳을 찾을 수 있다고 생각했다. 이번 종주를 통해서 내가 미처 몰랐던 우리나라를 조금 더 자세히 들여다보는 시간이 되었으면 좋겠다고 생각했다.

계속해서 달려가는 길은 따스하게 내리쬐는 햇빛을 덮고 있는 청량한 초록빛 논이 펼쳐져 있는 길의 연속이었다. 이런 길을 누비며 달릴 수 있다는 사실에 감사함이 들었다. 만약 〈미친 달리기〉 프로젝트를 하지 않았다면 내가 언제 이런 곳에서 달려볼 수 있을까? 황금빛과 녹색이 뒤섞인 곳을 달리며 이런 순간이 영원했으면 좋겠다는 생각이 들었다. 서울에서 부산까지 달려가면서 나의 내면이 점점 단단해지고 나의 세계가 비약적으로 확장되는 느낌이었다. 내가 몰랐던 환경과 변칙적인 상황들을 자연스럽게 받아들이고, 흡수하면서 그것들을 수용할 힘이 생기기 시작했다. 특히 이번 종주를 통해서 나의 세계가 커지는 속도가 더욱 빨라졌다. 이러한 이유로 장거리 달리기를 좋아하는 것 같다. 더 많은 것을 보면서 느끼고 받아들일 힘이 오래도록 이어졌으면 좋겠다.

달리면서 주변도 여유롭게 둘러보고, 생각을 정리할 수 있게 된 것은 로리 덕분이다. 만약 로리가 없었다면 속도에 중점을 두고 달렸을 것이다. 그러면 주변의 아름다운 풍경을 놓치지 않았을까 하는 생각을 했다. 경쟁이 아닌 또 다른 달리기를 알려준 로리에게 진심으로 고마웠다.

오전 11시 20분, 우리는 팔봉로와 중원대로를 계속해서 달리다가 양문 관광휴게소라는 곳에서 잠깐 쉬어 가기로 했다. 카페인을 보충하고 급수를 했다. 잠시 휴게소 뒤편에 앉아 있었는데 작은 계곡이 눈에 들어왔다. 몸의 열기를 식힐 겸 잠시 계곡으로 가서 발을 담갔다.

계곡에 발을 담그면서 '자연과 가까운 곳에서 사는 삶도 괜찮지 않을까?'라는 생각을 했다. 물론 도시 대비 인프라가 좋지 못하고 불편함을 감수해야 하는 경우가 많다. 그러면 현실적인 부분을 고려하여 도시와 가까운 시골 정도면 괜찮지 않을까? 로리와 이런 이야기를 나누다가 다시 출발했다.

다시 달린 지 얼마되지 않아서 수안보 온천단지가 나왔다. 이 온천이 유명하다고 하는데 아직 한 번도 와보지 않았다. 나중에 기회가 되면 오겠지? 금요일이라 그런지 관광버스에서 내리는 관광객들이 꽤 많았다.

여기저기 열심히 둘러보다가 보도 틈에 걸려서 넘어져 버렸다. 다행히 크게 다치지는 않았다. 핸드폰도 멀쩡했다. 길을 외우지 않는 이상 핸드폰 없이 종주를 절대 할 수 없을 것이다. 그래서 넘어지자마자 핸드폰의 상태를 확인했다.

종주 기간에 힘들었던 것 또 하나는 달리면서 핸드폰을 수시로 확인해야 한다는 것이었다. 나에게는 내가 가는 곳이 전부 초행길이기 때문이다. 평소에는 간편한 상태로 달리는 것을 좋아하는 나에게 핸드폰을 쥐고 달리는 것은 어려웠다. 특히 달리면서 로리와 대화까지 주고받아야 하니 내가 신경 써야 할 사항이 너무 많았다. 나도 멀티태스킹을 잘하고 싶은데 쉽지 않았다.

나는 21세기 현대인으로서는 높은 점수를 받을 수 없을 것이다. 바쁘게 돌아가는 시대에 멀티 태스킹은 필수이지만 여러 가지를 동시에 하는 것이 정말 취약하기 때문이다. 심지어 내가 여러 가지를 동시에 처리한다고 한들 그 무엇도 좋은 결과를 내지 못한다. 당장 눈에 보이는 생산성은 향상되는 듯 보이지만 결과물이 전부 애매해지는 것이다. 따라서 무언가 하나씩 집중해서 처리하는 것을 선호한다. 동시에 여러 프로젝트를 진행하는 것이 자신이 없다. 선택과 집중을 잘하는 나 자신이 괜찮은 것 같기도 하지만, 멀티 태스킹을 잘하는 사람이 부럽기도 하다.

수안보 온천에서 오늘 도착 예정지인 문경 버스 터미널까지 27km 정도가 남았다. 거리상으로는 할 만했는데 앞으로 작고 큰 고개들을 많이 넘어야 했다. 심리적으로 여유가 있는 것은 좋았다. 주변을 둘러보며 즐기는 것도 좋았지만 확실히 지난 3일에 비해 속도가 느려지기 시작했다.

이때쯤에는 오늘 달리기가 평소보다 늦게 끝날 것을 예상했다. 쉬는 시간이 줄어들더라도 해가 지기 전에만 도착하면 되었다. 그리고 내일과 내일모레 코스는 오늘보다 짧으니까 괜찮다. 늦더라도 어두워지기 전에 무사히 도착하자고 생각했다. 충분히 가능했다.

오후 2시, 우리는 소조령 길을 달리고 있었다. 여기도 나름 오르막이지만 경사도가 5% 정도 되는 비교적 오를 만한 경사도였다. 속도가 느려지더라도 꾸준히 올라가기만 하면 되는 길이었다. 문제는 우리 둘 다 배가 고픈 상태였다. 지금까지 점심을 제대로 먹지 않았기 때문이다. 마침 소조령 길에 식당이 있어서 들어갔다.

📍 충청북도 충주시 수안보면 화천리 산 15-7

별생각 없이 들어간 식당은 닭볶음탕 집이었다. 원래는 가볍게 밥을 먹고 나올 생각이었는데 어쩌다 보니 제대로 먹게 되었다. 점심을 먹고 나와 잠시 몸을 풀고 다시 달리기를 시작했다.

달리면서 느낀 건데 오늘 코스가 자전거길로 가장 유명한 곳 같았다. 뛰면서 우리 반대편으로 오는 자전거 그룹을 많이 만났다. 오가며 서로 화이팅을 외쳐줬다. 누군지 모르는 사람과 서로를 응원해 주는 이 광경이 얼마나 아름다운가 하고 생각했다. 나도 도전의 세계에 있는 사람들처럼 처음부터 격려에 관대했을까? 그건 아닌 것 같다. 나도 사회에 맞춰서 경직되어 있었다. 왜냐면 경직된 사회만 보고 자랐기에 그런 게 당연한 줄 알았기 때문이다.

하지만 달리기 세계로 들어오고 나서 꽁꽁 얼어 붙어있던 내가 많이 유연해짐을 느꼈다. 지나가는 사람을 보며 미소 짓고 먼저 다가가 인사를 나눌 수 있는 여유도 생겼으며 달리는 사람들이나 무언가에 도전하는 사람들을 보면 연대감을 느끼기도 한다.

누군가를 응원해 주면서 알게 된 사실은, 내가 다른 사람에게 "화이팅"을 외치는 순간 나도 에너지를 받는다는 것이다. 용기와 격려를 해주려고 했을 뿐인데 오히려 에너지를 얻는 건 나라는 사실에 신기했다. 이런 선순환이 많아지는 사회가 되었으면 좋겠다.

그렇게 높지 않은 소조령의 정상까지 천천히 뛰어갔다 내려갔다. 내리막은 항상 행복하다. 고생한 만큼 올라온 오르막에 대한 보상을 제대로 받는 느낌. 오르막도 내리막처럼 빠르게 뛰어 올라갈 수 있으면 얼마나 좋을까? 우리는 내리막을 계속 내려가다가 자전거를 타고 있는 외국인 가족들을 만났다. 캐나다에서 여행을 와 자전거를 타고 충주에서 문경까지 여행 중이라고 했다. 짧은 인사 후에 서로 응원을 해주고 계속 달려갔다. 문경에 가까워질수록 자전거를 탄 외국인이 많아졌다.

열심히 달려가다가 벽에 그려져 있는 '마애이불병좌상'을 봤다.

📍 괴산 원풍리 마애이불병좌상
충청북도 괴산군 연풍면 원풍리 산124-2

그려져 있기보다는 10미터가 넘은 암벽을 파서 거기에 조각을 한 것 같다. 나중에 자료를 찾아보니 두 불상이 나란히 배치된 경우가 국내에서는 굉장히 희귀한 경우라고 한다. 종교적인 측면에서는 지식이 얕아 작품 의도는 잘 이해하지 못했지만, 시각적으로는 작업이 굉장히 어려웠을 것 같다고 느꼈다. 어떻게 저렇게 큰 암벽에 큰 그림이 나오도록 조각을 할 수 있을까. 세월이 많이 지난 작품임에도 형태가 온전했다. 시간적 여유가 없어서 금방 지나왔지만, 인상 깊었다.

달리면서 남은 거리를 계산했는데 문경 버스 터미널까지는 17km가 남았고 추가로 올라가야 하는 고도는 대략 400m 정도 남았다고 한다. 슬슬 정신적으로 고갈이 되기 시작했다. 아침부터 부지런히 온 것 같은데 15km 이상을 달려가야 한다는 사실에 심리적으로 부담이 되었다. 하지만 내색하지 않았다. 입 밖으로 부정적인 생각을 내뱉는 순간 나와 로리에게 좋은 영향을 주지 않을 것 같아서였다. 부정적인 생각을 긍정적으로 전환하려고 노력했다. 이미 나의 몸은 3일 차에 지쳐있다. 나는 몸으로 달리는 게 아니라 정신으로 달리기를 하고 있었다. 정신이 몸을 지배한다.

충북 괴산군의 연풍면을 지나오고 나니 드디어 이화령고개가 시작되었다. 과연 찾아본 대로 경사도가 제법 있는 오르막이었다. 그리고 오르막 구간이 조금 길었다. 그나마 다행인 점은 코스 사전 조사가 끝난 상태라서 그렇게 놀라지 않았다는 것이다.

이화령 구간에서는 속도를 포기하고 천천히 꾸준히 달리

는 방법을 선택했다. 그리고 일부러 지도를 확인하지도 않았다. 계속해서 거리가 얼마나 남았는지 확인하는 게 오히려 정신적으로 힘들다. 우리는 천천히 뛰어 올라갔다. 그러다가 힘겨울 때는 걸어서라도 계속 갔다. 느리더라도 멈추지 않는 게 가장 중요했다.

솔직히 이 구간에서는 라이더들이 부럽지 않았다. 자전거를 타고 이 고개를 넘는 게 달리기보다 더 힘들지 않을까? 오히려 이 구간에서는 자전거가 짐이 될 것 같았다. 그런데도 계속해서 페달을 밟아 올라가시는 분들을 보면 진심으로 존경스러웠다. 근력도 근력이지만, 웬만한 정신력으로는 페달을 계속 밟아 쉬지 않고 이렇게 가파른 곳을 오르기 힘들 것 같았다.

나는 힘겹게 페달을 밟는 라이더를 보고 동기부여를 받았다. 우리야 맨몸으로 뛰어오르면 되지만 다른 라이더들은 기계를 이끌고 오르막길을 오르고 있었다. 어떻게 저런 분 앞에서 힘들다고 투정을 할 수 있을까? 동기부여에 의해 멈추지 않고 계속 달렸다.

오후 4시, 태양이 가장 뜨거운 시점이었다. 그래도 나는 태양에 익숙해진 편이었는데 로리는 어떨지 걱정이 되었다. 나야 평소에도 무식하게 달려온 사람이지만 이때의 로리는 아직 장거리 경험이 많지 않을 때였다. 그래서 로리와 나흘 동안 함께 할 때 걱정을 많이 했다. 장거리 달리기는 보통 달리기보다 무릎에 더 무리가 가기 때문이다. 몸이 견뎌 줄 수 있는 근력이 요구되므로 여러 번의 장거리 달리기 경험이 필요하다. 그러니까 준비가 안 된 상태에서 장거리 달리기를 한 번 하면은 최소 며칠은 휴식을 취해야 한다. 나도 처음에 30km를 달리고 며칠 동안 몸이 아팠던 것으로 기억한다. 몸이 아직 적응을 못한 것이었다.

로리가 조금씩 지치는 것 같아서 이런저런 걱정을 하다 보니까 이화령 정상에 도착했다. 어려운 만큼 정상에 도착하니까 보람찼다. 고개 정상석에는 해발 548m라고 적혀 있었다. 멀리서부터 뛰어온 탓인지 체감상 800m는 되어 보였는데 생각보다 낮은 고도였다.

이화령 정상. 눈앞에는 이화령 터널이 보였다. 저 터널만 지나면 경상북도다. 나는 나흘 전에 서울역 앞에 있었는데 저 터널 하나만 넘으면 경상북도라는 게 조금 신기했다. 정상에서 오른쪽으로 눈을 돌리니 이화령 휴게소가 있었다. 이제부터 도착지까지 쉼 없이 달릴 예정이기에 더위를 식히기 위해서 20분 정도 쉬었다. 아이스크림도 먹었고, 무겁게 느껴졌던 트레일 러닝백도 잠시 내려놨다. 무거운 것을 몸에 달고 있다가 내려놓으니, 몸이 가벼워진 느낌이다.

나는 누군가가 나처럼 뛰어서 종주하겠다고 하면 그 사람의 도전에 진심으로 손뼉을 칠 것이다. 내가 도움이 된다면 도울 수도 있겠다. 다만 7~9월, 여름철은 무조건 피하라고 말해주고 싶다. 뜨거운 태양 아래서 며칠 연속으로 달리니까 피부가 눈에 띌 만큼 상했고, 금방 지쳤다. 만약 봄이나 가을에 종주했다면 지금보다는 덜 힘들었을 것 같다. 챙겨야 하는 옷의 무게가 조금 더 무거워지더라도 더위를 피하는 게 훨씬 현명할 것 같다.

휴게소 데크에 앉아서 아이스크림을 먹고 있는데 아까 마주친 자전거를 탄 외국인들이 우리 자리로 와서 인사를 건넸다. 남자의 이름은 제프(Jeff)였다. 캐나다에서 온 가족들이다. 제프의 친구 2명과 제프의 부인, 이렇게 총 4명이 있었다.

제프 가족은 한국이 자전거 타기 너무 좋다고 했다. 국토종주를 위해 길이 만들어져 있다는 것 자체가 자기한테는 너무 충격적이고, 편리하다고 말하며 한국 정부에 감사한다고 했다. '그런가? 하긴 자전거를 타고 수도권에서 남부까지 갈 수 있는 나라가 전 세계에 몇이나 있을까. 이럴 때는 국토가 작은 것도 장점이 되는구나' 하고 생각했다. 나도 부산까지 달려가면서 중간중간 자전거 길이 조성되어 있었기에 비교적 편하게 달렸다.

제프 가족과 우리는 10분 정도 대화를 나눴다. 특히 우리가 뛰어서 대한민국을 종주하고 있다니까 눈이 휘둥그레졌다.

"오우, 와! 멋있다. 어디까지 가는데요??"

"부산이요. 서울역에서 시작했어요."

"네?! 서울역에서 뛰어서 여기까지 왔다고요? 그리고 부산까지 가신다고요? 자전거로도 힘든 거리를요?"

"네, 한번 해 보는 거죠."

별로 할 말이 없어서 멋쩍게 웃으면서 대답했다.

그들로서는 자전거를 타고 여기까지 오는 것도 힘들었는데, 우리가 달리고 있다는 사실에 놀랐던 것이다. 제프의 부인은 나를 보고서는 "나는 내가 미쳤다고 생각하는데, 나보다 미친 사람은 처음 봤어!"라고 말했다.

인정한다. 나도 내가 미친 것 같다. 솔직히 여기까지 어떻게 왔는지 모르겠다. 단지 부산까지 뛰어서 가겠다는 열망 하나로만 왔다.

솔직히 말해서 나에게는 다른 게 없었다. 이 의지 하나가 나를 여기까지 이끈 것이다. 신체적 능력도 무언가를 함에 있어서 정말 중요하다. 하지만 결국은 인간의 정신이 육체를 지배한다. 그래서 나는 정신력이 강한 사람들에게 많이 배우려고 한다.

우리는 서로를 격려하는 마음으로 기념사진을 찍고 "Good Luck!"을 외치고 헤어졌다. 아, 헤어지기 전에 제프는 내 신발에 관심을 가졌다. 나는 신발에 관련된 정보를 알려줬다. 제프는 내 신발 사진도 찍어갔다.

이때쯤 내 마음속에는 또 다른 확신이 생겼다. 내구성이 튼튼한 장거리 러닝화를 만들고 싶다는 생각이었다.

'백두대간 이화령'이라고 적혀 있는 터널을 넘어서니 〈경상북도 문경시 문경읍〉이라는 표지판이 보였다. 경상도 땅이 시작되었다.

경상북도 문경시 문경읍 각서리 산33-2

나흘 동안 뜨거운 햇빛을 맞으면서 내가 왜 이러고 있나 수백 번을 고민했다. 온갖 고생을 하며 여기까지 온 내 자신이 생각났다. 조금 울컥했다. 그리고 스스로가 대견해 보였다. 하지만 지금은 감정을 마음껏 표출할 때가 아니었다.

대한민국 지도로 봤을 때 이제 절반 정도 온 것이기 때문이었다.

경상도에 왔다는 사실만으로 기쁜 마음을 표출하고 싶었지만, 샴페인을 일찍 터뜨리면 나중에 항상 문제가 생긴다. 그래서 절제하고 차분히 달리기에 임했다.

이화령 터널을 지나니 예상대로 남은 구간 6km 정도는 전부 내리막이었다. 진심으로 행복했다. 특히 경사가 심하게 가파른 내리막이 아니라 내려올 때도 어렵지 않았다. 오늘 하루 많은 고개를 오른 것에 대하여 보상을 받은 기분이었다.

종주를 하는 동안 매일 내리막길을 달린다면 얼마나 편할까? 높고 낮은 오르막에 조금 지겨워질 찰나에 이화령 내리막 구간이 나의 등을 토닥여 주는 것 같았다.

오후 6시, 하루가 마무리되고 있었다. 다행히 문경 버스터미널까지는 얼마 남지 않았다. 각서리쯤이었나, 터미널까지는 4.3km가 남았는데 나와 로리 둘 다 지쳐 있었다. 더 이상 힘을 낼 수가 없었다. 우리 옆으로 전동 킥보드를 탄 사람이 지나갔는데 그렇게 부러울 수가 없었다. 그러고 보니까 전동 킥보드라는 것 자체도 며칠 만에 보니 신기했다.

아무튼 우리는 수단과 방법을 가리지 않고 달려야 했다. 더 이상 늦어지면 안 됐다. 일정이 늦게 끝나면 쉬는 시간이 그만큼 줄어든다. 그러면 다음 날 종주에 부담이 되기 때문이다. 그러면 모든 계획이 밀리는 셈이다. 마지막쯤 와서 나는 조금 조급해졌다. 하지만, 로리의 몸에 과부하가 걸린 상황이었기 때문에 재촉하고 싶지 않았다. 어떻게 해서든 내가 챙겨서라도 끝까지 가야겠다고 생각했다.

속도도 중요하지만, 안전이 우선이다.

그렇게 꾸역꾸역 뛰어서 문경 버스 터미널에 도착한 시간은 오후 6시 26분이었다. 오늘은 55km를 달려서 여기까지 왔다.

📍 문경 버스 터미널
경북 문경시 문경읍 새재로 458

로리는 이렇게 길게 달려본 것이 처음이라며 기뻐했다. 그와 동시에 다리를 절었다. 나는 그 모습에 만감이 교차했다. 우선 로리가 대단했다. 많은 경험이 없음에도 불구하고 열심히 달리는 모습이 멋졌다. 그러면서도 속상하기도 하고 화가 났다. 아프면 멈출 줄도 알아야 하지만 로리는 나와 성격이 비슷하다. 그래서 내가 해줄 수 있는 건 끝까지 옆에서 함께 달려주는 것이었다. 이게 내가 할 수 있는 최선이었다.

나는 특정 협회의 후원이나 브랜드사의 지원을 받고 종주하는 게 아니기 때문에 달리기가 끝나도 일정이 끝난 게 아니었다. 숙소 체크인, 빨래, 샤워, 저녁 식사 등 모든 것을 다 내가 직접 해야 했다. 4일쯤 되니 인스타그램으로 어떤 분이 나에게 후원을 받고 뛰냐고 여쭤보았다.

지금 와서 생각해 보면 만약 내가 후원을 받고 뛴다면 조금 편했을 것 같기도 하다. 하지만 내가 사무실에서 <미친 달리기> 프로젝트를 처음 생각했을 때는 이게 가능한지 순수하게 궁금했을 뿐이었다. 따라서 상업적인 생각을 전혀 못 했다. 하지만 한 번쯤은 모든 과정을 직접 경험해보는 것도 나쁘지 않은 것 같다.

혼자 있을 때는 종주가 끝난 후에 시간이 조금 남았지만, 지금은 두 명이었기 때문에 시간을 효율적으로 사용해야 했다. 조금만 게으름을 피우면 시간이 저녁 10시가 넘을 가능성이 있기 때문이다. (종주 기간 때 보통은 8시에서 9시 사이에 잤다.)

이것저것 하다 보니 벌써 잘 시간이 되었다. 종주 기간에는 하루가 24시간인 게 짧다고 느꼈다. 하루가 26시간 정도였으면 어땠을까? 모든 것을 내 손으로 직접 해보며 절실히 느낀 건, 달리기 종주를 할 때는 시간 관리가 생명이다. 하루를 시작하는 타이밍도 중요하고, 다음 도착지에 도착하는 시간도 내일의 컨디션과 직결이 된다.

그래서 나는 시간 관리를 철저히 하려고 했다. 시간 관리가 잘되지 않으면 다음 날이 힘들어지기 때문이다.

로리가 먼저 잠들고 나서 혼자 깊은 고민에 빠졌다.

로리의 몸은 분명히 좋은 상태가 아니었다. 계속해서 나랑 달릴 수 있을까 하는 걱정이 들었다. 만약 가능하다면 거리를 조금이라도 단축해서 부담이 덜 되는 방향으로 나아가야 했다. 하지만 내일 코스인 문경에서 상주까지는 50km였다. 혼자였으면 이 악물고 달리면 되는 거리였지만 내가 사랑하는 사람이 내 옆에서 고생하는 모습을 보는 것도 꽤 고통스러운 일이었다.

그나마 다행인 점은 내일까지만 50km를 달려 상주까지 가면 나머지 이틀 동안은 비교적 짧은 거리를 뛴다는 것이다.(상대적으로 짧은 거리지 실제 42km는 마라톤 풀코스거리다.)

아무튼 이 사실을 코스 브리핑 때 로리에게 말해야 했는데 부담을 줄까 봐 말할 자신이 없었다. 미안했기 때문이다.

DAY 5

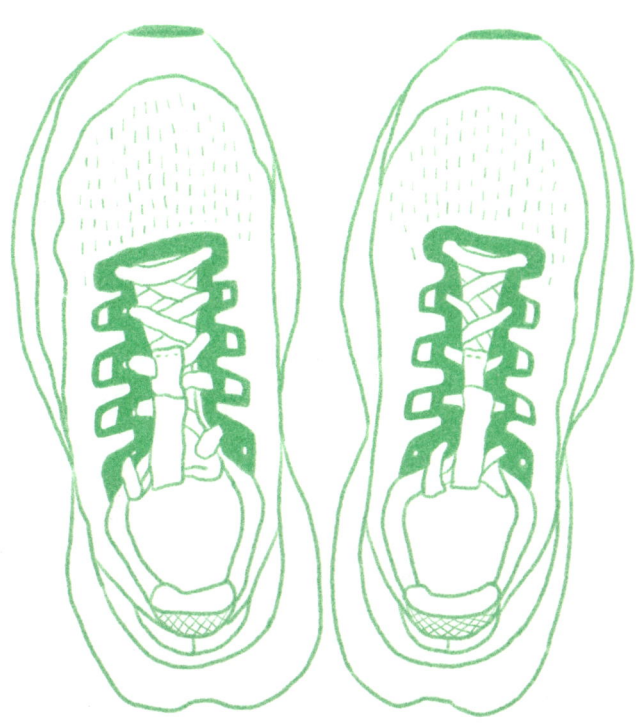

Day 5

인사하는 앵무새

50.26km

▶ **일자** : 2023년 9월 9일(토)
▶ **경로** : 문경 버스 터미널 → 경상북도 상주시

날짜개념이 사라져 오늘이 무슨 요일인지 잘 떠오르지 않았다. 목요일? 금요일인가? 그러다가 눈을 떠 핸드폰을 확인해 보니 토요일이었다.

2023년 9월 9일 토요일. 주말이었다. 대부분 사람에게 토요일은 평소보다 조금 느린 템포로 살아도 되는 날이었다.

하지만 나는 자연스럽게 새벽 5시 30분에 눈을 떴다. 더

자고 싶었는데 오히려 몸이 너무 피곤하니까 잠을 깊게 자지 못했다. 그렇다고 다시 잠에 들기는 너무 애매한 시간이었다. 그렇게 애매한 상태에서 하루를 시작했다.

날씨를 확인할 겸 모텔 창문을 열어봤다. 그리고 모처럼 찬 공기를 들이마셔 보았다. 문경이 지대가 높아서 그런지 조금 시원했다. 핸드폰으로 날씨를 확인해 보니 실제로 15도 정도 되었다. 그리고 바깥의 산에는 엷은 안개가 껴 있었다. 아직 가을은 오지 않았지만, 문경의 새벽 날씨는 제법 가을다웠다. 그리고 주말답게 바깥은 조용했다.

어제의 기대감이 가득 찬 시작과는 비교가 될 정도로 오늘은 차분하게 준비를 시작했다. 둘 다 말할 힘이 없기도 했고, 로리는 종주의 현실을 받아들이고 있었다. 이해한다. 나도 첫날은 호기로웠으니까.

모텔 체크아웃을 하고 바깥에 나와 오늘의 코스를 설명했다. 어제와 마찬가지로 50km를 달려야 하는 긴 거리이지만, 그나마 다행인 점은 평지와 내리막을 반복하는 코스라고 말해줬다. 어제처럼 큰 오르막이 없었다. 나도 어제보다 비교적 무난한 코스였으면 좋겠다고 생각했다. 하루에 몇십 km를 뛰면서 무난하기를 바라는 것 자체가 모순이지만.

잠은 일찍 깼고 준비도 생각보다 일찍 끝났지만, 시작은 조금 여유 있게 했다. 아마 달리기를 시작한 시간이 오전 8시 20분이었던 것 같다. 그래도 아직은 덥지 않았다. 종주의 가장 큰 적은 더위, 그리고 또 더위였다. 이제는 더위에 대한 트라우마가 생길 정도로 햇빛이 싫었다.

로리는 달리기가 시작된 지 5km쯤 되어 스포츠테이프가 필요한 것 같다고 말했다. 아무래도 어제 달리기로 인하여 통증이 있는 것 같았다. 나도 테이프가 있으면 나쁘지 않을 것 같다고 생각해서 약국을 찾기 시작했다. 그런데 네이버 지도로 찾아보니 약국이 8km쯤 가야 나온다고 했다. 이때쯤 처음으로 내가 달리며 긍정적으로 생각하던 시골이 싫어졌다. 지금처럼 무언가 필요한 상황에서는 모든 게 다 멀리 있는 느낌이었다. 자동차가 없다면 시골은 얼마나 생활하기 힘들까? 인프라는 도시가 확실히 좋은 것 같다. 어디든 장단점이 공존한다.

그렇게 불평불만하며 마성면 오천리 인근 시골길을 달리고 있었다. 그런데 갑자기 눈앞에 〈약〉이라고 적혀 있는 간판이 보였다. 응? 네이버 지도상으로는 이 주변에 약국이 없었는데 이게 뭐지? 우리는 둘 다 의아해했다.

조금 더 다가가서 살펴봤다. 폐업을 한 건가 싶어 창문을 자세히 들여다봤는데, 영업하고 약들도 진열되어 있었다.

"로리! 여기 문 열었어."

📍중앙약국
경상북도 문경시 마성면 신현리 281-7

약국을 찾아서 다행이라고 생각하면서 들어가 봤는데, 내가 평소에 알고 있는 보통의 약국과는 조금 많이 다른 분위기였다. 특히 약국 안에는 "안녕하세용!"이라고 말하는 앵무새가 있었다.

앵무새 : 안녕하세용!

나 : 앵무새? 뭐야 이거

앵무새 : 안녕하세용!

나: …? 이게 맞아? 여기 약국이야 로리?

로리 : Quoi..?(여기 뭐야?)

그 찰나에 어떤 아저씨가 다른 방에서 나왔다. 본인이 약사라고 하시는 데 전혀 약사님 같은 옷차림이 아니었다. 농사일할 때 신는 고무신과 연청바지에 약간 푸르스름한 폴로티셔츠, 그리고 보라색 캡 모자를 쓰고 계셨다. 언뜻 보아

밭일을 하시는 분 아니면 마을 이장님의 아우라였다. 약사 이미지와 상반되는 이미지로 이 약국을 지키고 계셔서 오히려 그게 멋있어 보였다.

약사 : 뭘 찾으시나?

우리는 스포츠테이프를 찾았지만, 이 약국에는 스프레이 파스밖에 없다기에 아쉬운 마음으로 파스만 샀다. 추가로 진통제를 구매하려고 했는데 약사님은 본인이 조제해주는 약을 먹어보라고 권유했다. 나는 약 처방을 받으려면 처방전이 필요하지 않냐고 여쭤봤지만, 약사님은 단호하게 말씀하셨다.

약사 : 약은 약사에게.

너무 단호하고 자신감이 넘치는 짧은 문장에 큰 영감을 받았다. 강렬하고 짧은 문장을 들은 나머지 '와… 이분 뭐지?' 싶어서 헛웃음이 나오기도 했다. 자신감에 대비되게 전혀 약사답지 않은 허름한 차림으로 "약은 약사에게."라고 하는 장면이 믿기 힘들었다. 웃기기도 했고, 멋지기도 했다. 나도 저렇게 단호한 자신감을 가질 수 있는 날이 올까? 한 가지 일을 얼마나 오래 하면 저렇게 당당하게 말할 수 있을까?

감탄하는 사이에 약사님이 만들어주신 약을 받았다. 멜

론색 종이 포에 한약과 여러 가지 알약이 섞여 있었다. 솔직히 난 뭐가 뭔지 모른다. 뭐 알 게 뭐야. 근육통이랑 진통만 사라진다면 지금으로서는 뭐든 먹을 수 있었다. 실제로 이 약 덕분인지 남은 기간 아파도 버틸 힘 같은 게 생겼었다. 물론 한약이 섞여 있었기 때문에 맛은 최악이었다.

약을 억지로 삼키고 인상을 썼다. 그리고 다시 한번 약국을 둘러봤다. 아무리 봐도 전혀 약국답지 않은 약국이었다. 앵무새는 아직도 자기 혼자 인사를 하고 있다. 그리고 아무도 인사를 받아주지 않으면 "꺄아악!!"하고 소리를 지른다. 초등학생의 성격을 가진 앵무새 같았다. 흰색 가운을 입은 약사님이 없는 약국이 재미있었다.

흥미로운 공간이라고 생각할 찰나에 약사님의 부인이 나오셔서 복숭아를 먹고 가라고 조금 깎아주기까지 하셨다. 감사한 마음으로 잠시 자리에 앉아 과일을 먹었다.

복숭아를 먹으면서 약사님과 이야기를 나눴는데, 약사님은 실제로 약업만 63년을 하셨다고 한다. '박카스'랑 같은 시대에 생긴 약국이라고 하셨는데, 얼마나 오래되었는지 실감이 되지 않을 정도였다. 이런 게 장인 정신인 걸까? 원래는 경북 예천에서 크게 약국을 하시다가, 지금은 문경으로 오셨다고 한다. 하지만 이름은 시작할 때 이름인 예천 중앙

약국을 그대로 가져오셨다고 했다. 잠시 밖으로 나가 다시 확인해 보니 간판에는 '예천중앙약국'이라고 적혀 있었다.

나는 약사님의 엄청난 자신감에 큰 신뢰가 생겼다. 무언가 부족하더라도 이런 자신감은 살아감에 있어서 정말 중요하다고 느꼈다. 자신감을 뒷받침할 만한 경력이나 능력이 있으면 더 좋겠지만, 만약 이런 것이 없어도 우리에게는 뻔뻔함이 필요하다. 그래서 나도 내 자신을 무한신뢰하기로 했다. 뻔뻔한 자신감, 특히 약사님의 자신감은 너무 단단하게 느껴져서 경이로웠다.

약사님과 약사님의 부인분께 인사를 드리고 다시 출발했다. 로리는 이 약이 효과가 있는지 모르겠다고 했다. 나는 괜찮았는데 로리에게는 안 맞았던 것 같다. 하지만 나는 플라시보 효과라도 바라면서 약을 꼬박 챙겨 먹었다. 그리고 나한테는 실제로 효과가 있었다.

약국이 있었던 신현리 작은 마을을 지나 잠시 자전거길을 경유하기 시작했다. 왼쪽으로는 큰 나무들이 뻗어 있었고 오른쪽으로는 금빛을 띤 논이 광활하게 펼쳐져 있었다. 봄에 와도 꽤 아름답겠다고 생각했다. 여기에서도 지나가는 라이더들을 많이 봤다. 지나가다가 눈이 마주치면 서로 화이팅을 외쳐줬다. 지루함만 버틴다면 자전거길은 꽤 안정적인 것 같다. 하지만 자전거길로만 달렸다면 내가 지나온 시골 마을들을 제대로 구경할 수 없었을 것이다. 그 때문에 나는 지금 내가 달리는 코스가 가장 이상적이라고 생각했다.

진남휴게소 방향으로 가는 길에 신호등이 있어서 잠시 멈춰 있었는데, 또 다른 외국인 자전거 무리가 우리를 알아봐 주며 인사를 건넸다. 이야기를 들어보니 어제부터 우리를 봤다는 것이다. 나는 인사를 나눈 김에 우리가 무엇을 하고 있는지 설명했고, 그들은 지나오며 마주친 다른 사람들과 마찬가지로 매우 놀라며 엄지를 치켜세워줬다. 이런 반응과 진심 어린 격려들이 나에게는 큰 힘이 되었다.

오후 12시, 진남휴게소에 들렸다. 그런데 내가 아는 휴게소랑은 조금 다른 느낌이었다. 오늘은 내가 가진 사고의 틀을 깨는 날 같았다. 아까 지나온 중앙양국, 그리고 내 눈앞에 있는 휴게소까지. 휴게소치고는 너무 좋기도 하고, 휴게소라는 어감과 전혀 어울리지 않은 인테리어였다. 이걸 고급스럽다고 해야 하나 이질감이 든다고 해야 하나? 판매하는 물건들도 보통의 휴게소에서 판매되는 물건이 아니었다.

이 동네 문화인가? 특이하다는 생각이 좀처럼 가시지 않은 채 음료수와 감자칩을 사서 나왔다.

감자칩을 먹으면서 천천히 뛰었다(!) 원래는 앉은자리에서 먹고 출발하고 싶었는데 시간이 아까워서 천천히 달리면서 감자칩을 먹었다. 한 손에는 과자 봉지, 그리고 한 손은 트레일 러닝백을 움켜쥔 상태였는데 생각보다 할 만했다. 트레일 러닝 대회에 나가면서 초콜릿 바나 에너지 젤은 달리면서 먹어봤는데, 달리면서 감자칩을 먹는 것은 특별한 경험이었다.

로리한테 이야기를 들어보니 UTMB(울트라 트레일 러닝 몽블랑) 선수들이 경기 도중에 감자칩을 꽤 많이 먹는다고 한다. 아마 나트륨 섭취로 운동 지속성을 유지하기 위해서 인 것 같다.

계속되는 달리기지만 오늘은 공기가 조금 달랐다. 토요일이라 그런지 주변에서 설렘이 느껴졌는데 실제로 나들이를 나온 사람들이 꽤 많았다. 쉬는 날 없이 달리다 보니 평일/주말이라는 개념조차 내 머릿속에서 사라졌다. 나에게는 모든 날이 뛰는 날일 뿐이었다.

뛰어가면서 여유롭게 걷는 사람들이 보여 부러웠다. 나도 부산까지 가면 바다 앞에서 저렇게 여유 있게 걸을 수 있을까? 솔직히 누가 보는 것도 아니고, 종주하는 대회도 아니어서 걸어도 됐지만, 빠르게 달려가며 그늘을 찾은 뒤 잠시 쉬는 게 지금으로서는 훨씬 이득이었다. 하지만 오늘은 이상할 정도로 그늘이 없었다. 햇빛을 피할 방법이 없을 때 '사막 대회를 나가면 이런 느낌일까?'라고, 생각했다.

오후 1시 20분, 우리는 많이 지쳐 있었다. 오전에 출발할 때처럼 농담을 주고받을 만한 여유가 없었다. 아마 로리도 마찬가지였을 것이다. 말수가 눈에 띄게 줄었다.

또, 어제처럼 여유롭게 사진과 동영상을 찍는 빈도수도 현저하게 줄었다. 어제보다 힘든 만큼 달리기에 집중했다. 그냥 길이 있는 곳으로 계속 달릴 뿐이었다. 심지어 문경에서 상주로 가는 코스는 어제처럼 재미있는 것도 아니었다. 너무 뻔한 길이었고 주변의 경치도 생각보다 볼 게 많이 없었다.

심지어 우리 위로는 중부내륙 고속도로가 있어서 시골의 조용한 느낌도 없었다. 휑휑대는 자동차 소리가 배경음으로 깔리자, 나는 도시에 살던 시절이 상기되었다. 도시에서 이런 소리는 우리 일상의 배경음 같은 존재인데, 다시금 이런 소리가 배경음이 된 것이다.

나도 연식이 오래된 자동차처럼 변했다. 며칠 연속 장거리를 달리다 보니 체력이 금방 고갈되고 내가 짐승이 된 것 같았다. 모든 것을 잊은 채 달리기만 하는 동물. 형태만 인간이고 할 수 있는 것이라고는 달리기밖에 할 줄 모르는 동물. 본능에만 충실한 느낌. 살면서 처음 느껴보는 감각, 깊은 몰입이 만들어낸 결과물이었다.

신기했다. 내가 중요하다고 생각했던 사회적 약속과 그 외의 것들이 불과 며칠 만에 희미해졌다. 예를 들어서 나는 무엇을 하는 사람이고, 무엇을 해야 하는지, 나의 인생 목표는 무엇이고, 내 집 비밀번호는… 뭐였지?

사회모드로 프로그래밍이 되어있던 내 머릿속에서 여러 가지 명령어들이 삭제되고 "달리기", "부산"이라는 입력값만 남아있었다. 앞으로 살면서 이렇게 단순하고 확실한 몰입을 할 수 있는 날이 또 올까?

또, 시간이 지날수록 생각하는 방식도 단순해졌다. 기쁘면 기쁘고, 힘들면 힘들었다. 그게 전부였다. 복잡한 감정이 사라졌다.

그리고 감정에 있어서 이유를 찾으려고 하지 않으려 했다. 그냥 그게 전부였다. 딱히 꼬아서 생각할 이유도, 그럴 시간적 여유도 없었다. 계속 달려야 했다.

달리면서 이정표를 찾았다. 다음 목적지인 〈상주〉가 적힌 이정표를 보면서 잘하고 있다는 용기를 얻고 싶었다.

나의 큰 행복 중 하나는 이정표에 다음 목적지가 보이는 것이었다. 그것이 나에게 큰 동기부여와 에너지를 주었다. 다음 목적지가 보이면 얼마 안 남았다는 생각으로 더 열심히 가게 되었고 그러다가 더우면 조금씩 속도를 줄이기도, 잠시 멈춰서 땀을 식히기도 했다.

문경에서 상주로 가는 길 중 내가 지겹다고 느낀 길은 불정강변길 쪽이었다. 쭉 뻗은 널찍한 길에 오른쪽으로 들어가면 사격장이 있는 길이다.

📍문경관광사격장
경북 문경시 사격장길 155

예전에 여기로 사격하러 와 본 적이 있었다. 주로 봄과 겨울에 와 봤기에 여름날의 이 길은 처음이다. 내가 여기를 뛰어서 올 줄은 상상도 못 했다. 친구들과 자동차와 오토바이 무리를 지어 사격하러 왔던 순간과, 땡볕에서 땀을 흘리며 여자 친구와 이 길을 달려가는 지금, 이 순간이 오버랩 되었다. 나중에 이 길을 다시 온다면 내가 어떻게 기억할까? 달렸던 곳? 사격을 하러 가던 곳?

우리가 있었던 문경 버스 터미널 쪽에서 점촌동 시내까지는 꽤 오래 걸렸다. 22km쯤 달려야 도착할 수 있는 거리였는데 오늘의 우리는 유난히 느리게 느껴졌다. 남은 거리가 줄어들지 않고 제자리를 맴도는 것 같다. 이 지루함을 어떻게 버텨나가야 할까.

여러 길을 조금 지나니 작은 마을들이 다시 보이기 시작했다. 그리고 인도도 다시 생겼다. 서울에 있을 때 보도는 당연하다고 생각했는데 종주를 하면서 보도는 나에게 정말 감사한 존재였다. 실제로 갑자기 인도가 없어져서 국도 옆으로 달릴 때는 생명의 위협을 느끼기도 했다. 시골에서는 갑자기 길이 사라지고 자동차 도로와 갓길의 경계가 거의 희미한 곳을 자주 달렸다. 그래서 보도가 보이면 오래된 친구를 만난 듯 엄청 반가웠다.

보도 종주 길이 있다면 얼마나 좋을까? 하지만 길이 없고 험난하기에 지금 하는 종주가 더 값진 경험이라고 생각했다.

문경의 점촌동에 들어가기 전에 공평동 시골길을 가로질렀다. 지나가다 어떤 아파트 외벽에 하늘색을 배경으로 몽글몽글한 구름이 그려져 있는 것을 보았다.

📍신평마을
경상북도 문경시 공평로 58-9

물론 아파트의 본질은 콘크리트 덩어리이지만 그 속에 사는 주민들은 따듯한 마음을 가진 것 같다. 그런 생각이 모여서 저렇게 아름다운 하늘을 가진 아파트가 탄생한 것이니까.

우리가 조금 지쳐 가기 시작할 찰나에 다행히 문경 시내가 나타났다. 내가 상상한 것보다 큰 시내였다. 내가 어제 처음 본 문경 터미널은 시 외곽이라 규모가 작았던 거구나 싶었다.

큰 시내에 오니 우리가 찾는 일반약국이 있었다. 아직 스포츠 테이프를 사지 못했기에 얼른 들어갔다. 나는 약국 의자에 앉아 잠시 쉬는 시간을 가졌다. 몸이 뜨거웠다. 그래도 생각보다 상태가 나쁘지 않았다. 뜨거운 태양 아래서 오랫동안 달린 탓에 피로감이 느껴지긴 했지만 더 이상 못할 정도는 아니었다. 나는 단지 로리를 걱정하는 것뿐이었다. 지금보다 상태가 더 악화하지 않기만을 바랐다.

오아시스 같던 약국을 떠나 신호등 하나를 건너서 달렸을 때 〈자전거 도시 상주〉라고 적혀 있는 커다란 조형물을 봤다.

📍경상북도 상주시
함창읍 윤직리 598-8

문경 모전동과 상주시가 붙어있는지 몰랐다. 생각보다 상주시가 금방 시작되어서 놀랐다. 경상북도 상주, 내가 여기를 와 본 적이 있을까? 또 앞으로 내가 여기를 올 일이 있을까? 솔직히 말해서 이 동네를 떠올릴 때면 배가 유명하다는 사실 정도만 알고 있었다. 그 외에는 나에게 미지의 곳이었다.

오후 2시 7분, 우리가 상주시에 들어왔을 때의 시간이다. 그리고 예약해 둔 모텔까지의 남은 거리는 대략 24km였다. 믿을 수가 없었다. 체감상 35km 이상은 달려온 것 같은데 아직 24km나 더 가야 한다고? 현실을 받아들이기 힘들어서 조금 화가 났다. 심지어 날씨는 더운 게 아니라 뜨겁고 습했다. 계속 뛸 수 있을지 걱정이 앞섰다. 나는 내가 여기까지 달려온 지난날을 떠올리며 차분함을 유지하고 달리기에 집중하려고 했다. 그리고 아래와 같은 생각을 되뇌었다.

'주변의 환경 따위는 아무것도 아니다. 더운 건 그냥 더운 것일 뿐 내가 신경 쓰지 않으면 더위 또한 아무것도 아니다. 내 달리기에만 집중하자. 앞으로 나아가기만 하면 도착지는 언젠간 나오니까. 시작이 있었으니 당연히 끝도 있다. 느려도 끝까지 하자. 어차피 더위를 피할 곳도 없다. 멈추지 말고 직진하자. 걷지 말자.'

상주에 들어오니 다시 시골의 고요함이 시작되었다. 문경은 그래도 적지 않은 인파가 있었는데 도시의 경계 구간을 넘자마자 유동 인구가 눈에 띄게 줄었다. 문경에 비하면 사람이 거의 없다고 봐도 무방했다. 가끔 시골 마을에 있는 개구쟁이 아이들이 눈에 보이긴 했다.

상주에서는 신기할 정도로 시골 강아지를 많이 봤다. 무섭게 쫓아오는 강아지가 아니라 귀여운 강아지가 엄청 많았다. 다들 작은 몸으로 이방인인 나와 로리를 경계하면서 짖는데 그런 태도가 오히려 더 귀엽게 느껴졌다. 문득 강아지들은 더위를 타지 않나 궁금해졌다. 밖에서 하루 종일 있으면 더울 것 같은데 저렇게 있어도 되나 싶었다.

버스정류장에 앉아있는 시골 아이들이 나와 로리의 행색을 보고 신기해했다. 뛰어가는 우리를 조금 쳐다보다가 "Hello!"라고 인사를 해줬다. 나도 그들의 인사에 외국어로 대답해야 할 것 같아서 "Hi!"라고 손을 흔들며 답해주니 낄낄거리며 웃는다.

    따분한 듯 아닌 듯, 상주라는 도시가 우리에게 밀당을 했다. 조금 지겨워질 만하면 귀여운 강아지가 나타나서 우리를 반기고, 또다시 달리기가 지겨워질 때쯤에는 제법 볼만한 풍경들이 나타나서 핸드폰 카메라를 켜도록 유혹했다. 달리는 당시에는 문경에서 상주로 가는 구간이 가장 특징이 없었던 구간이라고 생각했지만 되돌아보면 가장 매력이 있었던 구간 같다. 또, 상주는 이모님들의 인심이 좋았다. 덕담리 쪽까지 들어갔을 때 하나로 마트를 찾으려고 창고에서 일을 하시는 이모한테 길을 여쭤봤다.

"이모, 여기서 하나로 마트 가려면 어떻게 해야 해요?"

"한 20분 가야 나올 거예요"

"아, 감사합니다"

"배 하나 가지고 가요"

"네??"

"배, 먹는 배 가지고 가라고요. 힘내요"

갑자기 이모님이 엄청나게 큰 배를 던져 주셨다. 나는 이렇게 큰 배가 있나? 싶을 정도로 크기에 놀랐다. 큰 만큼 무거웠다. 하지만 감사한 마음에 거절할 수 없었다. 트레일 러닝백에 짊어지니 체감상 배의 무게는 500g 정도 되었던 것 같다. 그래도 11km 정도밖에 안 남았으니 조금만 더 짊어지고 가면 된다고 생각했다.

상주의 목적지에 도착해가니 슬슬 이정표에 대구가 나타났다.
〈대구 82km〉
나의 계산상 이틀만 더 달려가면 대구에 도착할 수 있었다. 나와 로리 둘 다에게 대구는 이번 종주에 있어서 상징적인 장소였다. 내 생각으로는 경상북도를 통과하여 남도로 넘어가기 전에 대구가 가장 큰 거점 같은 곳이었다.

그래서 대구까지만 가도 이번 종주는 거의 성공한 것으로 생각했다. 또, 로리에게는 대구가 최종 도착지였다. 로리의 완주를 위해 100km 미만의 거리도 남지 않았다는 사실이 나에게는 희망이었다. 왜냐면 로리도 많이 지쳐있다는 사실을 알기 때문이다.

나도 어쩔 수 없는 도시 사람인 것 같다. 종주를 하면서 며칠 동안 시골길을 뛰어다니며 자연과 가까워진 것도, 시골 마을의 인심도 정말 좋았지만, 또 다른 마음으로는 이 광활한 자연을 품기에는 나는 아직 작은 그릇을 가진 사람

같았다.

오히려 나는 큰 도시명을 볼 때마다 마음의 안정감이 들었다. 내가 당연하게 걷던 보도, 당연하게 조성되어 있던 아파트 단지들, 그리고 당연하게 있던 지하철까지. 도시를 복잡하다고 혐오스러운 시각으로 바라본 적도 많았지만, 결국 도시의 품을 그리워하고 있었다.

오후 6시 10분 하루가 마무리되어 가는 찰나에 무사히 상주 숙소에 도착했다.

상주 예스모텔
경북 상주시 낙동면 성동리 16-8

여태껏 힘들어도 깔끔하게 마무리를 한 느낌이라면, 오늘은 달리기를 조금 억지로 한 느낌이었다. 둘 다 탈진 상태였고, 배도 아주 고팠다.

모텔 주변을 살펴보았는데, 폐허가 된 주유소 말고는 아무것도 없었다. 어차피 나와서 뭔가를 할 게 아니었지만 편의점이 없다는 사실이 조금 불편했다. 보통 한국에서 편의점을 찾는 건 굉장히 쉬운 일인데, 왜 종주를 하면서는 그토록 많은 편의점이 숨어있는 것처럼 느껴질까? 내일은 일어나자마자 편의점부터 가야겠다고 생각했다. 물도 부족했고 행동식도 전부 떨어졌다.

내가 예약한 모텔은 상주 시내와 7km 정도 떨어져 있다. 그런데도 내가 '예스모텔'을 예약한 이유는 따로 있다. 인터넷에서 상주 인근 모텔을 잠깐 찾아봤을 때 자전거로 국토 종주를 하시는 분들이 해당 모텔을 많이 들른다고 했다. 또, 모텔 주인 부부께서 종주하는 사람들을 위한 배려를 많이 해주신다고 들었기 때문이다.

건물은 허름한 편이지만 종주를 위해 사용할 수 있는 편의시설이 있어 좋은 선택이었다. 무료로 사용할 수 있는 세탁기와 건조기 등. 며칠 만에 손빨래하지 않아도 됐다. 이건 정말 큰 행운이었다!

특히 모텔 아저씨가 종주 관련 길을 잘 알고 있었다. 나는 아저씨에게 뛰어서 구미까지 가는 길을 여쭈어보며 조언을 얻었다.

모텔방에 들어오니까 무언가를 할 힘이 없었다. 평소였으면 힘을 내서라도 움직였을 텐데 생각보다 많이 지쳐 있었다. 모텔에 있는 낡은 테이블 의자에 앉아서 누군가가 나를 씻겨줬으면 좋겠다고 생각했다. 그래도 움직여야 했다.

이날은 심리적으로 여유가 없어 로리를 제대로 챙기지

못했다. 지금 생각해 보면 잘 못 챙겨준 점이 미안했다. 하지만 내 자신조차 제대로 챙기지 못하는 상황에 남을 잘 챙길 수는 없었다. 우선 나부터 제대로 챙겨야 했다.

모든 정리가 다 끝나고 저녁으로 치킨을 먹었다. 평소 같으면 치킨을 먹을 때 행복감에 빠졌을 텐데 오늘은 전혀 그렇지 않았다. 빨리 먹고 자고 싶은 마음이 가득했다. 음식을 음미하기 위해 먹는 게 아니라 살기 위해 먹고 있는 느낌이었다. 로리도 나도 말수가 적은 상태로 저녁을 먹으며 서로 눈이 마주칠 때는 힘이 없는 미소를 지었다. 어떤 감정이든 로리에게 백 번 공감한다. 그녀에게 힘내자고 말하고 불을 껐다. 로리는 곧바로 잠에 들었다. 나는 피곤했지만, 곧바로 잠에 들지 못했다.

불 꺼진 모텔방에서 천장을 멍하니 쳐다보니 정신적으로 방향감각을 잃는 느낌이 들었다. 나 자신은 누구고, 내가 무엇을 누리겠다고 멀쩡한 집을 놔두고 허름한 모텔방을 전전하며 이 고생을 하고 있을까? 또, 얼마나 더 가야 나의 목적지인 광안리가 눈에 보일까? 어쩌면 첫날 양평 신원역에서 나를 말리던 할머니의 말씀이 결국 맞았던 것일까? 몸을 오랫동안 혹사하면 이런 느낌이 드는구나 싶었다.

모든 게 쉽지 않았다. 그래도 힘든 몸을 이끌며 절반 이상을 왔다. 경상북도 상주라니, 그것도 달리기로. 확실히 미친 계획이 분명했다. 더 미친 건 내가 그걸 하고 있다는 사실이다.

계획은 꼼꼼하지 않았지만 그래도 모든 것이 계획대로 진행되고 있었다. 5일 만에 문제없이 여기까지 왔으니까 말이다.

DAY 6

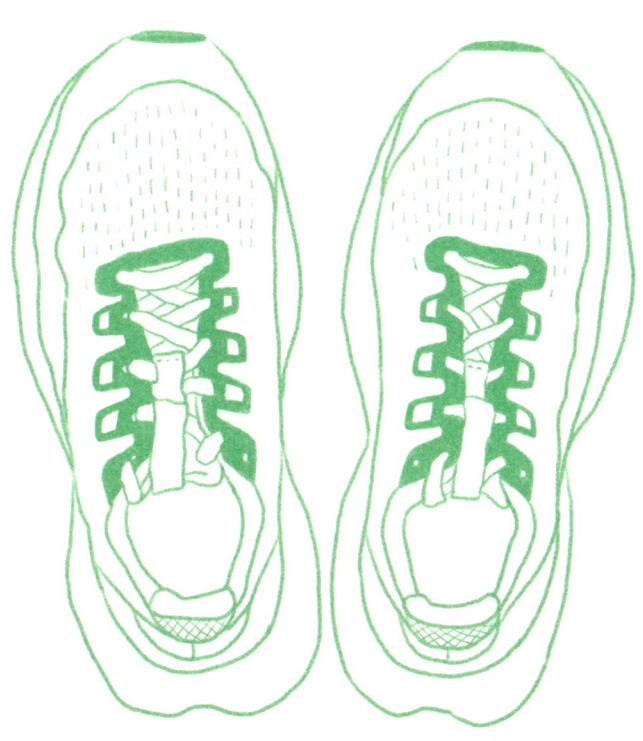

Day 6

짧은 풀코스?

42.26km

▶ **일자** : 2023년 9월 10일(일)
▶ **경로** : 상주 예스 모텔 → 구미 버스 터미널 인근

내 몸은 아직 일요일을 기억하는 걸까? 평소보다 깊은 잠을 잤다. 잠이 보약이라는 말을 많이 들었는데 어쩌면 맞는 것 같다. 10시간을 넘게 잤다.

오전 8시, 천천히 일어나서 준비하고 카운터에 물어볼 게 있어서 잠시 1층으로 내려갔다. 모텔 이모가 나한테 "너희 라면 먹을래?"라고 여쭤보셨다.

"네!!!"

나는 당연히 계산해야 한다고 생각해서 얼마냐고 여쭤봤다. 그러니 이모는 웃으면서 "그냥 먹어"라고 말씀해 주셨다.

첫날 양평의 떡집에서도 그렇고 지금 상주까지 와서도 나는 아직 모든 것을 계산하려는 병을 떨쳐내지 못한 것 같다.

내가 너무 정 없이 살았던 것일까? 서울에서 멀어질수록 사람들의 정이 깊은 게 느껴졌다.

육개장 컵라면과 이모님이 직접 담그신 김치, 그리고 어제 시골에서 달리다가 받은 배를 깎아서 먹었다. 인스턴트와 과일이라는 이상한 조합이지만 끼니를 때우는 게 중요했기 때문에 별 신경을 쓰지는 않았다.

우리는 3일 만에 평소보다 조금 짧은 코스를 달리게 되었다. 그래도 42km였다. 42km면 마라톤 풀코스를 달리는 매우 긴 거리지만 3일 연속 50km 이상을 달리다 보니 42km 정도면 짧은 코스로 느껴졌다.

내가 이 〈미친 달리기〉 프로젝트에 가스라이팅을 당한 걸까? 풀코스에 가까운 거리를 확인하면서 나와 로리는 "와! 오늘은 좀 짧은 코스네!"라며 좋아하고 있었다. 그렇게 우리는 '비교적 짧은' 풀코스를 달리게 되었다.

멈추지 않고 계속 장거리를 달리니 몸에 쌓여 있는 데미지가 근력으로 전환되는 느낌을 받았다. 6일 동안 대략 4kg 정도 되는 트레일 러닝백을 짊어지고 평균 50km 이상 뛰어다니니까 어쩌면 당연한 이야기 아닌가.

 잠을 깊게 잔 덕분에 피로도 조금 떨어진 것 같다. 아무튼 평소보다 몸이 덜 아픈 상태로 시작했다. 며칠 동안 달려온 것에 비하여 나름 순조로운 시작이었고, 평소보다 8km 이상 단축된 코스였다. 어제 조금 무리해서 상주시내에서 멀리까지 온 게 신의 한 수였다. 덕분에 오늘은 50km 미만으로 달릴 수 있게 되었으니까.

모텔에서 5km 정도 뛰어가니까 휴게소가 하나 있었다.

📍 고개휴게소
경북 상주시 낙동면 영남제일로 456

고속도로의 휴게소보다는 조금 더 정겨운 형태의 국도 휴게소였다. 주차장에는 일반 승용차보다 덤프트럭이 더 많았다. 휴게소 안으로 들어가 보니 운전 기사님들로 보이는 분들이 삼삼오오 모여서 이야기를 나누고 있었다. 진열대를 둘러보다가 옛날 노래들이 잔뜩 들어가 있는 USB가 판매되고 있는 것을 봤다. 운수업을 하시는 어르신들이 이런 걸 구매하셔서 들으시나 보다. 조금 신기했다.

나와 로리는 음료수와 감자칩을 샀다. 또 언제 편의점이 나올지 모르기 때문에 오늘은 음료수를 조금 넉넉하게 사 놓았다. 목이 말라서 고통스러운 것보다는 무게를 짊어지는 게 비교적 안전하다. 소프트 플라스크에 음료수를 채운 다음에 추가로 600ml짜리 음료수 두 개를 구매하여 트레일 러닝백 사이드 주머니에 꽂아 넣었다.

용량이 18L 정도인 트레일 러닝백을 준비한 것은 정말 괜찮은 선택이었다. 나는 며칠 간의 장거리 달리기를 해본 경험이 없어서 어느 정도 크기의 가방이 필요할까, 고민을 많이 했다. 처음에는 23L 이상을 생각했는데, 만약 20L 이상의 가방을 선택했다면 짐만 더 많아졌을 것 같다. 너무 크지도, 너무 작지도 않은 용량을 잘 고른 것 같다.

구미로 향하는 길에서는 내 눈을 의심할 정도로 특이한 사람을 만났다. 처음에는 로리가 내 앞에서 달리면서 낄낄거리길래 '왜 웃지?' 싶었는데, 어떤 할아버지가 의료용 전동 보행기를 발로 운전하고 있었다. '응? 저게 어떻게 가능

한 거지?'

종주하면서 느낀 건데 한국에도 비범한 분들이 많은 것 같다. 내가 생각할 수 있는 범위 이상으로 다양한 사람들이 살고 있다. 달릴수록 조금 더 겸손해지게 되었다.

나는 핸드폰 배터리 이슈로 지금껏 음악을 틀지 않았었다. 시간이 지나 핸드폰 배터리가 부족해지는 상황을 방지하기 위해서였다. 하지만 사람이 두 명이 있으니, 음악을 들으면서 달리는 것이 가능해졌다. 우리는 'Earth, Wind & Fire'의 'September'를 들으며 달리기도 했고, 마이클 잭슨의 노래들을 주야장천 들으며 달리기도 했다. 세월이 흘러도 변함없이 세련된 곡, 그리고 언제 어디서 들어도 어색하지 않은 명곡들이었다.

그 외에 우리가 아는 노래들을 함께 들으며 달리기도 했다. 쭉 뻗은 지루한 시골길이 마법처럼 달릴 만해졌다. 음악은 밋밋한 공간에 풍부함을 채워준다. 예를 들어 음악이 없는 카페와 카페의 분위기와 어울리는 음악이 재생되는 곳, 이 둘을 비교해 봤을 때 공간적 풍성함에 확실히 차이가 있다.

또한 지루한 길에서 음악을 재생하는 것 하나만으로도 우리는 눈앞에 보이는 배경을 두고 다양한 상상을 할 수 있다. 적절한 소리가 첨가된 우리의 삶은 훨씬 풍요로워진다.

지금껏 부산까지 달려가면서 이 사실을 망각하고 있었다. 소리가 주는 아름다움을 잊고 있었기에 지루함을 이겨내기 조금 힘들었던 것 같다.

물론 혼자 달릴 때 음악을 들으며 종주하는 것은 조금 위험하다. 주변의 소리를 듣지 못하면 자동차 사고의 위험이 커지기 때문이다. 또한 음악 재생으로 인해 핸드폰 배터리 소모가 빠르게 진행되어 종주에 차질이 생길 수도 있다.

지금 내가 음악을 들으며 달릴 수 있는 것은 누군가와 함께 달리고 있기 때문이다.

나중에 누군가가 나에게 달리기 종주에 대해서 자문한다면, 너무 많지도, 적지도 않은 2~3명이 가장 좋은 팀이 될 것이라고 대답하겠다. 서로 의지하기도 가장 좋고 그 이상은 의견이 엇갈리거나 균열이 생길 확률이 있기 때문이다.

또한 장거리 달리기 프로젝트를 하면서는 서로 간의 소통도 중요하다. 너무 많은 사람이 함께 달리면 소통하면서 조금 차질이 생길 것 같다. 또, 숙소 예약도 단체가 매일 예약하기는 조금 어렵지 않을까? 따라서 팀을 꾸려서 달리기 종주를 하려면 2~3명이 최적화된 팀이라고 생각한다.

상주 화산리 인근의 시골 마을을 달릴 때쯤 반가운 단어가 보이기 시작했다. 〈낙동〉이다. 내가 경상도 지형에 대해서 자세히는 모르지만, 낙동강이 영남지방에 흐르는 강이라는 사실은 잘 알고 있었다. 그래서 <낙동>이라는 지명을 보았을 때, '나의 달리기가 꽤 많은 진전이 있구나!' 하는 생각을 했다.

실제로 얼마 가지 않아 낙동강이 보이기 시작했다.

낙동강 상류
경상북도 상주시 낙동면 낙동리 471-5

비록 낙동강 상류이지만, 낙동강의 존재만으로도 '내가 경상권에서 제대로 뛰고 있구나' 라는 생각이 들었다. 내가 경상도 외곽인 문경에서 시작해 점점 중심으로 가고 있는 느낌이었다. 우리는 낙단교를 건넜다. 다리 위에서 강을 보는데 어떤 사람들은 제트스키를 타고 있었고, 또 어떤 사람들은 제트보트로 뱅글뱅글 돌며 묘기를 부리고 있었다. 시원해 보였다. 나도 마음 같아서는 옷을 다 벗어 던지고 강에 뛰어들고 싶었다.

시간은 정오가 되었다. 잠시 멈춰서서 핸드폰으로 거리를 확인했다. 70km 정도만 가면 거점인 대구였다.

배가 고파서 잠시 멈추고 싶었지만, 대구까지 얼마 남지 않은 거리를 보니 계속해서 달리고 싶은 마음도 들었다. 왜 종주를 하면 항상 먹어도 배고플까? 더 웃긴 건 달리면서 배고프단 생각을 하면서 왜 제대로 챙겨 먹지 않는 걸까?

지금 와서 생각해 보면 종주 동안 딜레마가 있었다. 잠시 멈춰서 먹고 가고 싶어도 달리기 흐름이 끊기는 게 무서웠다. 템포가 끊기면 정신적으로 나태해질 확률이 있다. 또 9월의 태양은 나의 예상보다 훨씬 뜨거웠다. 태양이 더 뜨거워질지 몰랐기에 계속 멈추지 않고 달리려고 했다. 그러다 보니 끼니를 제때 못 먹는 경우가 있었다. 그래도 점심은 꾸준히 챙겨 먹으려고 했는데 이날은 오후 2시가 지나고 나서 카페에서 빵과 커피를 마셨다. 누군가가 뛰는 나에게 음식을 먹여줄 수 있다면 얼마나 좋을까? 만약 그랬다면 종주를 조금 더 편하게 할 수 있을 것 같았다.

끼니를 때우고 나서 계속되는 시골길에서 달리기. 시골길은 탁 트이고 정말 예쁘다. 내가 언제 이렇게 넓은 시야를 한눈에 담을 수 있을까? 라는 생각이 들 정도로 드넓은 들판이 나를 반긴다. 도시에 살면 높은 건물에 시야가 가려지기 때문에 멀리 보는 게 불가능하다. 그 때문에 나에게 넓은 들판은 굉장히 반가운 존재이다.

하지만 극단적인 단점으로는 그늘이 없는 경우가 많다. 이런 광활한 자연이 야속하게 느껴졌다. 이렇게 넓고 광활한 땅에 어떻게 나무 한그루가 없을 수 있을까? 나무가 있다고 해도 키가 작아서 햇빛을 피하기에는 역부족이었다.

이때부터 시골길에 조금씩 지치기 시작했다. 뜨거운 태양 아래서 나무는 전혀 없고, 쭉 펼쳐진 논길만 달리다 보니 정신적으로 피폐해지기 시작했다. 도시가 그리워지기 시작했다.

또다시 드는 의문의 시작, '나는 왜 이렇게 혹독한 길을 선택했을까? 만약 내가 다른 길로 갔다면 그 길은 조금 편했을까?'

나는 시골길을 달리면서 논이 아닌 다른 새로운 것을 발견하려고 노력했다. 지금, 이 순간은 논과 밭의 지루함을 떨쳐내고 싶었다.

시골의 또 다른 특징은 종교와 관련된 홍보물이 많이 부착 되어있다는 것이다. 내가 여기서 말하는 종교는 일반종교가 아니라 약간 사이비 같은 종교 홍보물이다. 버스 정류장을 지나면서 글씨 자간이 좁은 파란색 글씨로 8줄 정도의 종교와 관련된 홍보물이 부착 되어있었는데 내용이나 폰트가 조금 섬뜩했다. 시골의 폐쇄성은 장단점이 뚜렷한 것 같다. 그리고 사이비 종교는 시골의 폐쇄적인 측면을 악용해서 접근하는 것 같다. 나는 내 눈에 보이지 않는 것을 맹목적으로 믿지 않는다. 특히 이 섬뜩한 포스터를 보면서 더욱 굳게 다짐했다.

주변의 모든 것들을 새로운 시선으로 들여다보려고 노력했지만 지루함의 고통은 여전했다. 나를 달래주던 마이클 잭슨의 노래도 여기서는 효과가 없었다. 특히 상주의 끝과 구미 초입 부분에서 가장 힘들었던 것 같다. 달리기가 짜증나는 느낌이 들었다. 내가 좋아하는 달리기가 어떻게 짜증날 수 있을까?

만약 여기서 혼자 달렸다면 분명히 큰 위기가 한 번쯤 있었을 것 같다. 예를 들어, 나 자신과 타협해서 코스를 단축한다거나, 조금 오랫동안 걷는다거나. 그만큼 정신적으로 힘들었다.

특히 논 때문에 더 힘들었다. 시골은 어디를 가든 풍경이 비슷한 경우가 많아서 방향감각을 잃기 딱 좋다. 그리고 같은 풍경으로 인하여 야외에서 달리고 있는데도 러닝머신을 달리듯 지루하기도 했다.

    내가 어디에서 무엇을 하고 있는지, 나는 누구인지, 여기는 또 어디인지, 정말 혼란스러웠다. 지루함 속에서 혼란스러운 시간을 보낼수록 사회가 정해 놓은 약속들이 한 꺼풀씩 벗겨지기 시작했다. 그리고 신기하게도 내 자신이 선명하게 보이기 시작했다. 내 머릿속으로 기억하던 사회적인 약속을 잠시나마 걷어내며 내가 누구인지, 내가 무엇을 좋아하고, 또 내가 어떻게 살아가야 할지 같은 생각들이 더욱 선명해졌다. 그 어떤 수식도 붙어있지 않은 진정한 나를 처음 마주했을 때의 기분은 발가벗은 나를 보듯 어색했다. 심지어 내가 하는 것은 명상이 아니었다. 거친 숨을 내쉬고 들이마시며 시골 한복판을 달리고 있었다. 어떻게 이런 현상이 가능할 수 있을까? 달리면서 나 자신을 찾는다니. 거칠게 달리면서 생각은 더욱 단순해진다는 사실이 조금 신기했다.

    고통이 최고점에 다다를 때쯤에 경상북도 구미시라는 표지판이 보였다.

📍 경상북도 구미시
경북 구미시 도개면 동산리 산114-1

상주 숙소에서 구미시 초입까지는 15km 정도였다. 생각보다 가까웠다.

구미의 다음 도시는 대구였다. 대구광역시, 이번 종주에서 내 마음속으로 정해 놓은 거점 같은 곳인 대구가 곧이었다.

실제로 내가 통과하는 도시 중 가장 큰 도시이기도 했고, 대구에 도착하는 날 여유가 된다면 유명한 대구 막창을 먹어보고 싶었다. 대구라는 도시에 대해서 꽤 많이 들어봤지만 아직은 가본 적이 없는 곳이었기에 문득 어떤 곳일지 궁금했다.

솔직히 사람이 붐비는 도시가 조금 그립기도 했다. 며칠 동안 적막한 시골길과 야산, 간혹 자동차만 쌩쌩 지나가는 국도를 달리면서 사람들이 많은 곳이 그리워졌다. 누가 이럴 줄 알았을까? 원래 사람 많은 곳이라면 질색하던 나였는데 콘크리트 덩어리가 가득한 세상을 그리워하는 모습에 조금 놀라기도 했다. 나는 무조건적인 시골 예찬론자는 못 될 것 같다.

구미에 들어와서 나는 가능한 한 긍정 회로를 돌렸다. 지친 마음을 달랠 필요가 있었기 때문이다. 최종 도착지인 부산을 보고 달리는 게 아니라, 일단 대구까지 가고 보자는 식이었다. 계속되는 전진, 햇빛과 정면으로 맞서 싸우며 구미 도안로를 따라서 쭉 달렸다. 그리고 도개면 마을을 통과했다. 우리의 오른쪽에는 25번 국도(낙동대로)가 있고, 조금 더 달려가니 국토 종주 자전거길이 시작되었다. 자전거길을 달리는 순간은 모험하는 느낌이 덜 해 아쉬웠지만 이 길에서는 조금 빠르게 달릴 수 있었기에 속도에 조금 더 집중했다.

붉은색 선산대교 아래를 지나올 때는 낚시하는 사람들을 잠시 바라봤다. 일요일 한낮에 여유롭게 낚시하는 기분은 어떤 기분일까? 잠시 한숨을 돌리며 그들을 부러워하다가, 내 달리기에 집중하자고 마음을 다잡고 다시 달리기 시작했다.

오후 3시, 하늘에 먹구름이 꼈다. 구름이 햇빛을 가렸기에 평소보다 달리기가 조금 편해졌다. 조금 신기했다. 내가 마라톤이나 트레일 러닝 대회만 나가면 80%의 확률로 비가 오는데 왜 종주를 할 때는 매일 날씨가 화창했을까? 차라리 비가 시원하게 쏟아졌으면 좋겠다. 비를 맞으면 그나마 열기가 가시지 않을까?

흐린 날씨 덕분에 비교적 수월하게 구미보에 도착했다.

📍구미보

경북 구미시 선산읍 원리 1057-26

오는 중간에 자전거를 타시는 분들이 우리를 격려해 줬다. '파이팅'. '파이팅'이라는 한 단어가 달리는 사람에게는 그 어떤 도움보다 훨씬 큰 힘이 된다. 갈증이 날 때 누군가가 건네주는 물, 콜라와 비슷한 수준의 에너지를 준다.

오늘도 식사를 제대로 하지 못했다. 하루하루 시간이 흐를수록 몸이 금방 지치는 느낌이었다. 구미 시내까지 얼마 남지 않아서 멈추지 않고 갈까, 고민하다가 구미보에서 20분 정도 쉬다 가기로 했다. 구미보 전망대에 올라가 봤는데 생각보다 별것이 없었다. 좋았던 점은 큰 공간에 사람이 많이 없었다는 것이었다. 전망대는 강당과 같이 탁 트여 있는 공간도 있고 의자에 앉아 전망을 감상할 수 있는 공간도 있었다. 우리는 넓은 곳에서 잠시 가방을 풀고 10분 정도 누워있었다.

와, 여기가 오늘의 도착지였다면 얼마나 좋을까? 정신줄을 놓고 눈을 감는다면 곧바로 잠을 잘 수 있을 정도로 편안했다. 딱딱한 나무 바닥이 나를 유혹하는 것 같았다.

누워서 천장을 봤다. 그리고 아무런 생각을 하지 않고 누워있다 보니 실제로 잠이 들 것 같아서 무거운 몸을 일으켜 세웠다. 그리고 두리번거리다가 시선을 아래로 향했다. 내 신발이 보였다. 시작했을 때와는 다르게 신발이 점점 낡아 가고 있었다. 흰색의 신발이었는데 며칠 만에 멍이 든 것처럼 보였다. 새까맣게 탄 내 피부와 비슷하게 변했다. 6일 동안 거의 300km를 달렸으니 내 신발이나 내 피부나 변할 만하다. 아무튼 서울에서 여기까지 나의 무게를 버텨준 신발에 고마웠다.

원래의 계획대로라면 나는 두 개의 신발로 종주를 하려고 했다. 그리고 거점인 대구에 신발을 미리 보내 놓아 신발을 교체하려고 했다. 하지만 문득 이런 호기심이 생겼다. 9~10일 동안 500km 이상의 장거리를 달리면 신발이 버틸 수 있을까?

멍든 신발을 보며 이런저런 생각을 하다가, 다시 구미 시내로 출발했다. 구미보에서 원평동까지는 그렇게 멀지 않았다. 대략 15km의 거리만 달려가면 됐다. 실제로 오르막이나 내리막도 많이 없었다. 금방 자전거도로가 끝나고 시골 길이 나오긴 했지만 어렵고 지겨운 길은 아니었다.

말을 듣지 않는 몸을 계속 채찍질하여 앞으로 달려 나갔다. 낡은 자동차에 억지로 시동을 거는 주인처럼 내 몸의 힘을 쥐어짜 보려고 했는데 속력이 나지 않았다. 나의 한계도 여기까지인 걸까?

좌절과 희망을 반복하며 뛰다가 골목길에 있는 가로등을 보는데, 문득 그 동네의 주소가 보였다.

📍경북 구미시 고아읍 관심리

고아와 관심이라는 단어가 공존하는 게 인상 깊은 주소였다. 기분이 조금 이상했다.

관심리를 지나다 보니 사람들이 모여 있는 동네가 가까워지고 있음을 느꼈다. 며칠 동안 충주 → 문경 → 상주 구간을 지나오면서 아파트 단지가 밀집해 있는 동네는 보기가 흔치 않았다. 근데 우리가 선산대로를 뛰어가며 보이는 구미라는 동네는 '도시'의 모습을 하고 있었다. 동네 규모가 크지는 않지만, 꽤 많은 아파트단지가 밀집되어 있었고 작고 큰 건물들이 나란히 줄을 서 있었다. 내가 알던 복잡함이 약간은 묻어나 있는 도시다운 그런 동네였다. 얼른 저 콘크리트 세상으로 들어가서 쉬고 싶었다.

해가 슬슬 저물고 있었다. 밤이 시작되려고 한다. 나와 로리는 하루가 끝나가는 것을 구경하며 달리고 있었다. 하루가 끝나간다. 그리고 노을빛이 저 멀리 보이는 구미 시가지를 감싸며 또 다른 하루인 밤이 시작되고 있다. 내가 오늘 한 것도 달리는 것뿐이었다. 6일 동안의 반복되는 달리기, 그리고 또 달리기. 부산 방향으로 달려갈수록 사람들의 억양이 점점 변해감을 느꼈고, 건물의 개수가 줄어들고 늘어나기가 반복됐다. 어떤 시골 마을은 안락하고 평온했으며 어떤 구간에서는 인기척이 느껴지지 않아 음산함을 느꼈다. 가끔은 내가 자연을 통으로 임대한 느낌이 들 정도로 인기척이 없었다. 동시에 사람들은 각자의 자리에서 평범한 일상을 살아가고 있고, 나는 그들의 동네를 훑으며 지나가고 있었다.

오랜 시간이 쌓이고 쌓여 만들어진 여러 동네를 지나오다 보니 체감상 몇 년이 지난 것 같지만 시간은 단 6일밖에 지나지 않았다.

또, 6일간 달리는 동안 더위는 아직 혐오스럽지만, 더위에 대한 역치가 높아진 것 같다. '내가 부산에 도착할 때쯤에는 날씨가 시원해지지 않을까?' 노을이 지는 구미의 시가지를 보면서 그런 생각을 했다.

구미에 거의 다 와 갈 때쯤에 로리의 다리 통증이 악화

했다. 내가 볼 때 갑자기 장거리 달리기를 반복하게 되어 오른쪽 무릎에 과부하가 걸린 것으로 보였다. 우리는 잠시 뛰었다 멈추기를 반복했다.

처음에는 로리의 통증 때문에 화가 났다. 아픈 것을 참고 뛰었다는 사실 때문이다. 그래서 아프면 참지 말고 내일 구미 터미널에서 서울로 돌아가라고 약간 언성을 높인 채 말했다. 아무리 달리기가 좋아도 내가 사랑하는 사람이 고통을 참으면서 달리는 것은 보고 싶지 않았기 때문이다. 나는 온몸의 고통을 참고 있으면서 말이다. 아이러니한 심리였다.

몇 번이고 아프면 참지 말고 돌아가라고 말했지만, 로리는 최종 목적지는 대구라고 말하며 포기할 수 없다고 했다.

나는 그 말에 받아치려고 해봤지만, 내가 로리의 상황이었어도 절대 포기한다고 말을 안 했을 것이었다. 그래서 입을 꾹 다물고 파스를 사러 편의점으로 갔다.

솔직히 말하자면 종주가 쉽지 않다는 것을 알기에 로리가 오는 것을 허락하면서도 부상을 걱정했다. 내가 다치는 건 상관없다. 경미한 부상이면 조금 버티면 되고, 심각하면 부상이면 종주를 포기하고 서울로 올라가면 되기 때문이다. 하지만 내가 사랑하는 사람이 다친 상태로 달리는 모습을 보는 건 나에게 고문과도 같은 일이었다. 심지어 나는 의사가 아니기에 고통을 해결해 줄 수도 없었다. 미칠 것 같았다.

솔직히 처음에는 내가 로리에게 어떤 심리로 화가 났는지 잘 몰랐다. 그리고 화를 낸 직후에는 미안함이 들어서 감정적으로 말한 것에 대하여 사과했다. 그 이후 우리는 대화를 통하여 내가 화를 낸 이유를 찾았다. 아무래도 사랑하는 사람이 고통을 참는 모습을 지켜볼 수밖에 없는 현실이 괴로워서 화를 냈던 것으로 결론을 내렸다.

또, 종주 당시 나에게는 책임감이 막중했다. 여자 친구인 로리가 아니라 함께하는 종주 팀원으로서의 로리를 잘 챙겨주고 싶었다. 나에게는 달리기 국토 종주라는 나름의 거창한 프로젝트였지만, 로리에게는 며칠 동안의 달리기 여행이였다. 즐기러 온 만큼 문제없이 대구까지 완주시키고 싶었다. 하지만 나의 역량 부족으로 인하여 부상을 면치 못하게 된 것이다.

로리는 파스를 뿌리니 조금 괜찮아진 듯했다. 오히려 움직이지 않을 때 통증이 더 느껴진다고 해서 마지막에는 우리 둘 다 최선을 다해서 뛰었다. 그렇게 해서 구미 버스 터미널 인근의 원평동에 도착했다.

📍 구미중앙로35길

우리가 머무르는 구미 원평동은 이 동네에서 꽤 큰 유흥가 같았다. 화려한 불빛의 간판들과 문 닫은 가게들, 추가로 어디를 가든 따라오는 우리를 우주인처럼 보는 시선들까지.

우리의 행색은 이 거리와 어울리지 전혀 않았다. '마사지', '노래방'과 같은 글자가 번쩍이는 유흥가에 트레일 러닝백을 메고 돌아다니는 사람 두 명은 마치 우주비행 작전 중에 잘못된 곳에 떨어진 사람들 같았다. 그것도 두 명씩이나. 휘둥그레진 눈으로 우리를 신기하게 쳐다보는 어르신들의 시선을 받으며 모텔로 들어왔다.

모텔에 들어오기 전 방 사진을 봤을 때는 스파가 있었는데 실제로 들어와 보니 그냥 대형 욕조였다. 우리는 덤덤하게 욕조에 물을 받고 오늘 입은 옷을 함께 빨래했다. 이 당시 우리에게는 감성보다 생존이 우선이었다, 솔직히 말해서 둘 다 반신욕을 할 힘도 없었고.

종주를 시작하기 이전에는, '달리기가 끝나면 도착한 도시에서 구경도 하고 새로운 것도 보고! 너무 좋겠다!' 하는 순수한 생각이 있었지만 현실은 달랐다. 29도, 심하면 33도까지 육박하는 날씨에서 장거리 달리기를 하고 나면 아무것도 하고 싶지 않다. 익어버린 상태에서 무언가를 더할 수 있겠는가? 가능하다면 빠르게 음식을 챙겨 먹고 잠을 자고 싶은 마음이 컸다. 도시를 구경할 여유가 전혀 없을 만큼 빠듯한 일정이었다. 아마 걸어서 종주하시는 분들은 도시 구경이 가능하지 않을까 생각한다. 하지만 우리는 시간상 그럴 여유가 없었다.

6일 동안 사회에서 멀어진 채 달리기만 하니까 조금 바보가 된 느낌이었다. 현실감각이 아예 사라진 것 같았다. 매일 달리기가 끝나고 허름한 모텔방에 있을 때면 '나는 누구이고, 나는 무엇일까??' 라는 생각의 반복, 그리고 자기 자신에 관한 질문이 머릿속에서 끊임없이 쏟아진다. 6일 동안 총 300km 이상을 달려오니 29년 동안 쌓아온 나의 습관들이 순식간에 사라진 기분이었다. 이 느낌은 흡사 처음 군대에 갔을 때와 비슷했다. 하루하루가 어색하면서 내가 단순해지는 느낌이었다.

우리 둘 다 샤워를 하고, 빨래를 했다. 나는 어느 정도 정리가 끝난 뒤 저녁을 뭐 먹지 하고 고민했는데 로리가 먼저 스테이크와 고기덮밥을 시켜놓았다. 본인은 내일부로 이 〈미친 달리기〉 프로젝트가 끝나니 제대로 먹었으면 좋겠다면서 시킨 것이다. 그리고 이런 만찬이 나를 위한 선물이라고 말했다. 정작 본인은 다리가 아프면서 나를 챙겨주려고 하는 모습에 감동했다. 고마움과 미안함이 뒤섞였다. 생각이 깊은 사람 앞에서 내가 한없이 작아지는 느낌이었다. 오랜만에 고기를 먹으니까 확실히 기력이 생겼다. 며칠만에 제대로 먹는 식사일까? 나는 이번 종주를 하면서 식사할 타이밍을 많이 놓쳤다. 그리고 더위로 인하여 쉴 타이밍도 제대로 놓쳐버렸다. 뜨거운 태양으로 인해 멈추면 더 힘들어졌기 때문에 억지로 계속 달릴 수밖에 없었다.

내가 시간 관리를 제대로 못 한 탓에 며칠을 제외하고는 거의 점심을 먹지 못했다. 이런 경우를 대비하여 초콜릿바와 같은 행동식을 사뒀지만 식사로는 턱없이 부족했다. 항상 모든 게 부족했다. 만약 누군가가 나와 같은 도전을 원한다면 점심을 꼭 챙겨 먹으라고 말해주고 싶다.

밥을 먹고 로리를 먼저 재운 다음에 내일 코스를 확인했다. 내일 우리의 도착지는 서대구 고속버스 터미널이었는데 두 개의 길이 있었다. 첫 번째는 자전거 길을 경유하는 63km 정도의 안전한 길이었다. 또 다른 길은 해발 600m 정도의 산 하나만 통과하면 될 것 같은 지도상 길이 있었다. 이 길은 서대구 고속버스 터미널까지 42km가 소요됐다.

거리만 놓고 봤을 때 두 길은 21km가 차이 나는 거리였다. 이는 실제로 달려보면 엄청난 차이가 난다. 어떤 길이 현명한 선택일지 고민했다.

자전거 길은 구미에서 대구 달성군으로 향하는 방향이다. 가는 길에는 낙동강 자전거길이 이어져 있어서 달리기 비교적 편할 것 같았다. 하지만 칠곡을 경유하는 길은 산 하나만 넘으면 거리가 훨씬 단축될 수 있었다. 안전함이 보장된 코스와 미지의 코스를 놓고 또다시 고민했다.

DAY 7

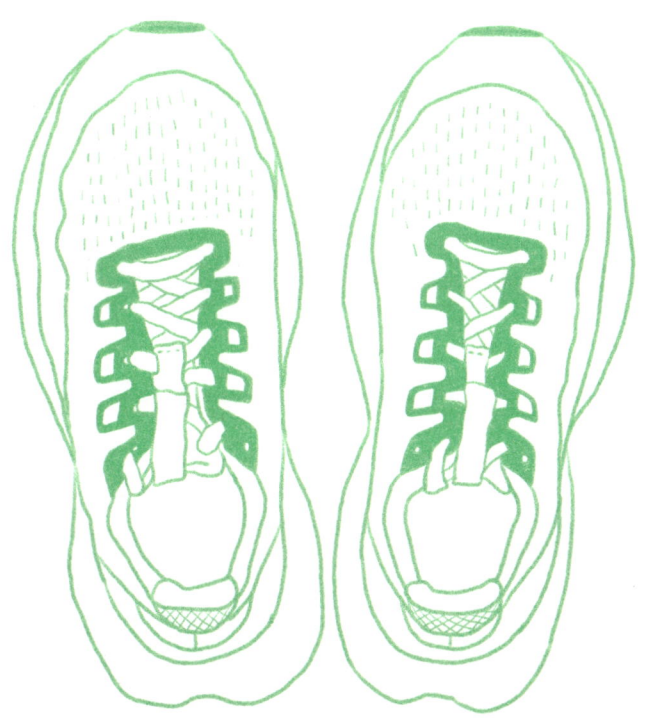

Day 7

경북대로 레이스

42.22km

▶ **일자** : 2023년 9월 11일(월)
▶ **경로** : 구미 버스 터미널 → 칠곡 → 서대구 고속버스 터미널

오전 6시 30분, 눈이 자동으로 떠졌다. 그리고 여느 때와 다름없이 중압감을 느끼면서 하루를 시작했다. 평소에 달리는 건 나에게 있어서 항상 큰 행복이지만 며칠 동안 풀코스 이상의 거리를 계속 달리다 보니 달리기가 조금 부담스럽게 느껴졌다. 그리고 국토 종주를 하는 상황이었기 때문에 계속해서 앞으로 나아가야 한다는 중압감이 있었다. 마라톤의 연속이었다.

나는 오늘 코스에 대해 유난히 확신이 없었다. 경험상 거리가 단축된 경로에는 분명히 위험 요소가 있다. 과연 그게 무엇일까? 생각보다 높은 경사도의 오르막? 갑자기 사라지는 보도? 내가 아직 경험해 보지 않은 길이었기에 어떤 위험 요소가 우리를 기다리고 있을지 도무지 감을 잡을 수 없었다. 그게 무엇인지 알기라도 한다면 예방할 수 있지만 지도만으로는 완벽한 판단이 불가능했다.

찝찝한 마음이었다. 침대에 누운 채 오늘의 경로를 다시 확인했다. 어제 경로를 확인하면서 조금 신경 쓰였던 구간들을 로드뷰로 다시 한번 점검해 보고, 위성 뷰로도 점검해 봤다. 지도상으로는 분명 고속도로처럼 생긴 곳이었는데, 경로는 그쪽을 경유하라고 표시되어 있는 곳도 있었다. '설마 고속도로 방향으로 뛰어야 하나?'

핸드폰을 들여다본다고 정답이 해결되는 것도 아니었다. 직접 해보는 게 정답을 찾는 가장 빠른 방법이다. 더 이상 지도를 쳐다보며 고민하지 않기로 했다.

핸드폰을 끄고 눈을 다시 감았다. 그리고 지금까지 달려온 시간을 회상했다. '오늘은 종주 7일 차다. 그리고 나는 경상북도 구미에 있다. 절반이 훨씬 지난 거리이며, 조금만 더 가면 대구다. 그리고 대구에서 조금만 더 뛰어가면 부산

에 도착할 수 있다.'

몇십 분 동안 눈을 감고 생각의 결을 정리한 후 침대에서 일어났다. 이제는 내 몸이 힘든지 안 힘든지 구분을 잘 못하겠다. 통증이 완화된 것인지, 통증을 견디는 역치가 높아진 건지 잘 모르겠다. 내 몸에 가득 찬 열기정도만 느낄 수 있었다. 7일 동안 장거리 달리기를 계속하니 내 몸은 냉각기가 망가진 에어컨 같았다. 몸의 컨트롤 타워에서 온도를 내리려고 시도해도 전혀 내려가지 않았다. 몸에 열기가 가득 차서 산만해진 느낌이 들었다.

어제 먹다 남은 볶음밥과 남은 음식들을 아침으로 챙겨 먹었다. 아침을 먹으면서 로리와 대화했다.

"로리, 부럽다. 오늘 대구까지 무사히 도착하면 집에 갈 수 있잖아"

"너는 더 뛸 수 있잖아. 난 사무실로 돌아가야 해"

"사무실…."

비좁은 사무실에서 일할 때가 갑자기 생각났다. 어쩌면 지금 생각 없이 달리고 있는 내가 훨씬 나을지도 모르겠다. 사무실이라는 단어에 정신이 화들짝 들었다.

📍 구미 종합버스 터미널
경북 구미시 송원동로 72

오전 8시 46분, 습하고 더운 구미의 날씨와 함께 달리기를 시작했다. 오늘은 스타트가 가뿐하지 않았다. 평소에는 출발이 대체로 산뜻한 편이었는데 오늘은 힘이 많이 빠진 상태로 출발했다. 진흙 길을 달리듯 한 걸음 한 걸음 내딛는 느낌이 매우 무거웠다. 침묵의 달리기가 계속되었다.

예전에 우리가 달리는 상황에서 말이 없을 때 나는 '어떤 농담으로 차가운 분위기를 깨뜨리지?'라는 고민을 많이 했었다. 침묵이 조금 어색하기도 했고 상대방이 심심하지 않을까 하는 걱정도 많이 했기 때문이다. 무언가 말을 하면 상황이 조금 더 재미있어질 것이라는 생각을 했었던 것 같다.

하지만 적당한 침묵은 오히려 관계에 도움되는 경우가 많다. 어색하게 분위기를 전환하려고 마음에도 없는 말을 했다가 오히려 말이 이상하게 나오거나, 분위기가 이상하게 전개될 수도 있다. 가벼운 농담은 가벼운 분위기를 만들 뿐이다.

아무튼 우리의 침묵에는 '나 힘들어'라는 암묵적인 사인이 있었다. 그런 사인을 서로에게 보내며 8km쯤 달렸다.

초반 8km를 달리면서는 어떤 단어도 오가지 않았다. 그렇게 구미 광평동과 임은동을 통과하여 칠곡군 방향으로 가고 있었다.

시내를 벗어나니 구미공단에 가까워지는 것을 느꼈다. 도로 위 승용차는 화물차로 크기가 커졌고, 건물은 아파트에서 공장으로 변해갔다.

힘겹게 달리기하는 우리와 힘차게 시작된 월요일이 조금 어울리지 않는다는 생각이 들었다. 모두가 비슷한 시간의 결을 살고 있지만 나는 시간의 중심에서 조금 동떨어져 있는 느낌이었다.

며칠 동안 달리기만 한 입장에서는 눈앞에 보이는 세상이 신기했다. 도로 위의 빵빵거리는 큰 트럭들, 운전석에 앉아서 담배를 뻑뻑 피우며 신호를 기다리는 아저씨, 서둘러 출근하는 공단 근로자들, 그리고 공단 출입구를 지키는 경비아저씨. 각자의 시간이 나한테는 하나의 통합된 현상처럼 보였다. 그리고 생각했다.

'나도 불과 2개월 전 만 해도 저 출근 무리 속에 있었을 텐데, 저 출근 무리에 속해 있으면서 또 다른 세상을 꿈꿨

을 텐데. 나는 지금 내가 꿈꿔온 대로 살아가고 있는 걸까?'

아직은 잘 모르겠다. 하지만 나만의 길을 만들어가고 있음은 확실했다.

달리면서 생각을 곱씹어봤다. 7일 전 서울역에서 출발할 때 봤던 장면과 산업의 형태만 다를 뿐 결국은 사람이 시간을 보내는 방식은 비슷한 것 같다. 그렇다면 어떤 나라이건, 어떤 지역이든 간에 우리는 일주일 중에 5일을 일하고 2일의 주말을 보내는 것인데, 왜 모두가 정해진 시간의 틀에서 삶을 보내는 것일까? 시간이라는 것 자체는 유연한 존재인데 말이다. 정해진 시간의 틀에 갇혀있지 않고 살아갈 수는 없을까?

침묵 속에서 달리는 동안 시간에 대하여 꽤 깊은 생각을 했다. 그러다 보니 구미의 공단동을 지나쳤고 남구미대교를 건넜다.

금방 〈호국 평화의 도시 칠곡〉이라는 색 바랜 간판이 나왔다.

📍경상북도 칠곡군 초입
경상북도 칠곡군 석적읍 중리 884-1

원평동에서 10km도 달리지 않은 것 같은데 칠곡군은 생각보다 금방 나타났다. 구미와 생활권을 공유하는 도시여서 그런지 다른 동네에 들어왔다는 차이를 쉽게 느끼지 못했다.

조금 더 뛰다 보니까 어떤 반도체 회사 건물에 "당신에게 좋은 일이 있을 것입니다"라고 크게 적혀 있었다.

나는 마음속으로 대답했다. '네 감사합니다. 저에게 좋은 일이 있었으면 좋겠습니다.' 내가 무사히 부산에 도착했으면 좋겠다. 부산에 가까워질수록 간절함이 마음속에 계속 쌓이고 있다.

칠곡군 초입에서는 오르막길의 기세가 전혀 없었다. 그래서 '뭐야 이거 괜한 걱정을 했나? 평지인데?'라는 생각을 했었는데, 시내에 들어서자마자 언덕이 시작됐다. 급격하게 높아지는 언덕이 아니라 서서히 높아지는 언덕이라서 조금 싸했다. 이 언덕이 금방 끝날 것 같지 않고 계속 높아질 것 같은 그런 느낌이었다.

칠곡군 시내는 아담한 느낌이었다. 신호등 몇 개를 건너니 금방 벗어날 수 있었다. 우리는 유학산 옆의 도로로 달리기 시작했다. 오전 11시쯤이었는데 태양은 이미 오후 3시 정도로 뜨거웠다. 특히 고도가 높아질수록 태양이랑 가까워지는 느낌이었는데 이걸 피할 방법이 없었다.

와, 지옥이 이런 느낌일까? 처음으로 이런 생각을 했다.

유학 저수지를 지나니까 보도와 자동차도로의 경계가 희미해지기 시작했다. 보도가 나타났다가 사라졌다가 반복하더니 결국은 자동찻길만 남게 되었다. 우리는 갓길로 오르막을 달리면서 자동차가 오면 잠시 움츠려 있다가 다시 달리기를 반복했다.

나는 오르막을 달려가는 것만으로도 벅찬데 함께하는 로리와 달려오는 자동차 등 주변의 모든 것들을 신경 쓰다 보니 정신이 없었다. 특히 오늘은 날벌레까지 많았다. 유학 저수지를 지나는 동시에 날벌레들이 계속 우리를 따라왔는데 은근히 거슬렸다. 유학산의 끝자락까지, 내리막이라고는 하나도 없는 오르막길과의 전쟁이 쉽지 않았다. 끝이 어디쯤이라는 희망이라도 보였으면 좋겠는데 우리 눈앞에는 아지랑이가 피어오르는 아스팔트가 기다리고 있을 뿐이었다. 길이 있는 곳으로 계속 달려야 했다. 더위에 조금 어지러워지기 시작해서 타이레놀을 삼켰다. 생각해 보면 고도는 그렇게 높지 않았는데 왜 그렇게 힘들게 느껴졌을까? 내가 지금껏 올랐던 그 어떤 산 보다도 힘들게 느껴졌다. 나는 이 길에 지옥의 언덕이라는 이름을 정했다.

유학지부터 국립 칠곡 숲체원까지는 어떻게 갔는지 잘 기억나지 않는다. 아마 모든 것을 내려놓고 달리지 않았을까 싶다. 단 하나 기억나는 것은 섬뜩한 노란색의 경고문이었다.

'이 도로는 경사가 심하여 겨울철 눈, 비 등이 오면 위험하므로 통행 시 각별히 주의 하시기 바랍니다.'

국립 칠곡 숲체원 표시판이 보이기 직전에 로리는 코피가 나기 시작했다. 몸이 더위를 버티지 못하고 신호를 보낸 것 같았다. 실제로 우리는 더위에 매우 약하다. 조금 쉬어가야 할 타이밍이 온 것 같아서 숲체원 주차장에 있는 공용 화장실에 들어가서 머리에 물을 끼얹고 세수를 했다.

국립 칠곡 숲체원
경상북도 칠곡군 석적음 유학로 532 국립칠곡숲체원

화장실에서 세수하고 거울을 봤다. 까맣게 타버린 얼굴, 땀에 젖어 헝클어진 머리, 실밥이 튀어나온 후줄근한 회색 티셔츠, 더위에 풀린 두 눈까지, 갈 곳을 잃은 사람 같았다. 뒤로 조금 더 걸어가서 전체적인 나를 보니 반바지 라인을 경계선으로 새까맣게 타버린 허벅지까지 보였다.

 단 며칠 만에 사람이 이렇게 변할 수 있는 걸까? 외적으로, 그리고 내적으로 나는 너무 변해 있었다. 외적으로는 집을 잃은 걸인의 행색이었으며, 그나마 좋게 쳐준다면 아웃도어 스포츠광처럼 보였다고 할 수 있겠다. 안 그래도 새까만 피부가 더 까맣게 탈 수 있다는 사실을 처음 알았다.

 내적으로는 이런 변화가 있었다. 서울에 있을 때 마음속에 가득 차 있던 안개 같은 것들이 말끔히 사라졌다. 대한민국을 가로지르며 며칠을 달리는 동시에 번뇌와 함께 정리가 된 느낌이라고 해야 할 것 같다. 그러면서 나의 내면이 제대로 보이기 시작했다.

 안개가 말끔히 사라진 마음속을 봤을 때 내 마음속에는 구조물 같은 게 하나 있었는데, 이게 나의 정체성 같았다.

 묘사하자면 원치 않는 전단이 덕지덕지 붙어있는, 심지어 이웃 주민이 쓰레기봉투 같은 것들도 몰래 두고 가는 매우 낡은 전봇대 같았다. 나와는 어울리지 않는 것들이 나에게 딱지처럼 붙을 때마다 감수할 수 있는 정도의 불편함이어서 그러려니 하며 지냈다. 그러다 보니 또 다른 전단이 붙고 또 붙었다. 내 마음을 제대로 관리하지 못하니 방치가 된 것이다.

나의 견디는 힘을 맹신하고 방치하다 보니 나는 결국 타의를 견디며 살아가는 존재가 되었다.

그래도 다행히 원형은 상처받지 않은 채 보존되어 있었다. 어쨌든 붙어있던 것들을 치워야 했다. 내가 원치 않았지만, 지금까지 내가 안고 가던 모든 것을 치우고 내 자신을 더 제대로 바라보고 싶었다.

달리기 종주를 하는 동안은 매일 힘든 시간이었다. 하루하루가 도전이었고 매일 고통스러웠다. 고독하고, 슬프기도 했다. 가끔은 내가 왜 이러고 있는지에 대한 의문으로 분노도 느꼈다. 단시간에 여러 감정을 느끼는 바람에 내 마음에 소용돌이가 치기 시작했고, 강한 풍속으로 인해 내면에 쓸데없이 붙어있던 것들이 사라지기 시작했다.

비록 외적으로는 볼품이 없어지고 초췌해졌지만, 내면은 말끔히 청소되는 느낌이었다. 별 이유 없이 호기심이 생겨서 시작한 달리기 프로젝트였는데 이 과정에서 우연히 나 자신을 찾아가고 있었다.

거울 앞의 짧고 굵은 사색 후 화장실 밖에 있는 데크에서 십 분 정도 휴식을 했다. 작은 그늘이 있었기에 더위를 조금 피할 수 있었다. 잠시 트레일 러닝백을 벗었다. 이제는 트레일 러닝백이 무겁게 느껴지지 않았다. 내가 무게에 적응이 된 건지, 아니면 여기까지 오면서 영양제와 행동식을 지속해서 섭취해 무게가 줄었는지 잘 모르겠지만 이제는 트레일 러닝백을 버리고 싶은 느낌은 없었다. 내 몸과 하나가 된 것 같은 느낌이었다.

나와 로리는 그늘을 피할 수 있는 데크에 서서 언제쯤 지옥의 언덕이 끝날까를 두고 이야기를 했다. 이 언덕은 이화령 고개만큼 볼거리가 있고 재미있는 것 같지 않다. 시각적으로 즐길 거리도 없었다. 훈련하는 듯한 느낌이었다. 그런 뜨거운 길을 계속 오르다 보니 그래도 언덕의 끝이 보였다. 보도가 사라지고 낙석방지책이 설치된 도로를 가로질러 오르자 유학로의 정상쯤 되는 곳에 도착한 것 같았다.

유학로의 정상 부근에는 고급스럽게 생긴 대형 카페가 있었다. 앰비언트(Ambient)라는 이름이었는데 지금 우리의 행색과는 어울리지 않았다. 차분하고 잔잔한 분위기의 카페에 들어가서 그 분위기를 망치고 싶지 않았다. 배가 조금 고파서 뭐라도 먹을까 생각했지만 그냥 지나치기로 했다.

달린 지 10분쯤 지나서 빙수를 파는 카페가 등장했다. 날씨가 너무 더웠기에 이 카페는 지나칠 수 없었다.

📍카페 코지노
경북 칠곡군 가산면 유학로 945

카페는 넓고 탁 트인 곳이었고 몇 개의 미술 작품들이 놓여 있었다. 카페주인이 직접 그림을 그리는 것 같았다. 그리고 카페 앞마당에는 현곡지라는 작은 저수지가 있었다. 우리야 우연히 이곳을 찾아 들어왔지만, 방문객들을 보니 근교 드라이브를 하는 사람들이 여기의 주 방문객 같았다. 몸이 성치 못해서 카페 구석구석을 돌아다니며 전부 구경을 할 여유는 없었다. 앉은 자리에서 빙수를 먹으며 열기를 식히는 게 현명한 방법이기도 했고.

오후 1시, 지도를 다시 확인했다. 경로를 보아하니 방금 먹은 빙수를 점심 식사로 생각해야 할 것 같았다. 가는 길에 음식집이 있지도 않았으며, 가다가 한 번 더 멈춘다면 대구에 늦게 도착할 것 같았다.

지금 있는 카페에서 서대구 고속버스 터미널까지 남은 거리는 23km 정도 되었던 것 같다. 이 정도면 느리게 오르막을 올라온 것 치고는 꽤 많은 거리를 달려온 것이었다. 우리가 조금 더 편하게 달릴 수 있었으면 좋겠다고 생각했다.

카페에서 30분쯤 쉬고 일어났다. 또다시 달리기의 시작.

내리막길을 더 달리다 보니까 이정표에 대구가 표시되었다.

나는 며칠 전부터 이정표에서 '대구'라는 단어만 보면 묘하게 설레었다. 최종 목적지도 아닌데 왜 대구에 가고 싶어 했을까? 대구쯤 가면 경북의 끝이라고 생각해서 그랬던 걸까? 아니면 정말로 큰 도시가 그리웠던 걸까?

칠곡의 내리막을 지나서 대구 방면으로 향했다. 그런데 조금 이상했다. 여기 달려도 되는 길이 맞나?

경북대로

나는 이 길을 달려가며 생명의 위험을 많이 느꼈다. 정신을 조금만 놓는다면 죽을 수도 있겠구나, 하고 생각했던 구간이다. 내가 정신을 바짝 차려도 운전자가 정신을 놓는다면 내가 죽을 수도 있겠다는 생각도 들었다.

하지만 돌아갈 수 있는 길이 없었다. 나는 달리기에 집중해야 했고 목숨은 매번 운명에 맡겨야 했다. 최대한 빨리 경북대로를 빠져나와야 했다. 경북대로는 일반 국도보다 큰 화물차가 많이 다녔다. 도로는 내리막길이었고, 특정 구간에는 급커브 구간도 있었다. 자동차 입장에서는 쌩쌩 달릴 수 있는 제법 괜찮은 국도였지만 사람으로서는 빠르게 달리는 자동차가 위협적으로 느껴졌다. 특히 보도가 없었다. 그나마 다행인 점은 국도라서 신호등이 있다는 점이었다. 자동차가 오지 않는 순간에 최대한 빠르게 달렸고, 자동차가 달려올 때쯤에는 거의 갓길에 붙어서 뛰어내려갔다.

자동차가 쌩쌩 달리는 바람에 서로의 목소리가 잘 들리지 않았다. 나는 경북대로를 뛰어내려오며 로리에게 외쳤다.

"로리!"

"응!"

"미안해!"

"뭐가?"

"내가 오늘 길을 잘못 고른 것 같아. 아까 오르막부터 시작해서, 고속도로 수준의 국도까지, 내 잘못이야. 여기 이상해"

확실히 내 실수였다. 만약 나 혼자였으면 내가 그렇지 뭐, 라고 체념하며 달리면 되지만 나로 인해 로리가 고생한다는 사실이 미안했다.

이 세상에 국도 위에서 함께 달리는 연인이 얼마나 될까? 인스타그램에서 러너 커플은 꽤 많이 봤지만, 국도 위를 달리면서 싱글벙글하고 있는 커플은 세상에 많이 없을 것 같다. 이것도 추억이라면 추억이라고 할 수 있겠지. 하지만 한 번으로 충분하다. 목숨을 담보로 달리고 싶지는 않다.

우리는 생명의 위험을 느낀 채 국도를 달리는 커플이라는 사실에 싱글벙글하면서 달리기를 계속했다. 그래도 끝은 있을 거라고 생각했다.

종주를 하면서 제대로 깨달은 것 중 하나는 고통스러운 순간도 무조건 끝이 있다는 것이다. 끝없는 평야, 끝이 없어 보이는 지옥의 오르막, 그리고 생명의 위협이 느껴지던 국도 레이스까지, 나를 위협했던 모든 것도 시간이 지나고 나니 끝이 보였다.

우리는 거의 6km 정도를 국도에서 달렸다. 중간에 인도가 보이면 잠시나마 마음을 놓을 수 있었지만 또 언제 국도 레이스를 해야 할지 몰랐기에 최대한 긴장을 놓지 않으려고 했다. 경북대로의 끝자락에서 두 갈래 길이 나타났다. 직진 방향은 우리가 달려온 국도가 이어지는 방향이었고 왼쪽은 동명면으로 빠지는 길이었다.

우리는 오른쪽의 동명면으로 가기로 했다. 조금 돌아가는 길이긴 해도 쌩쌩 달리는 자동차를 신경 쓰며 달리기 싫었다. 스트레스가 사라지니 긴장이 풀렸다. 그와 동시에 내 다리도 풀릴 것 같았다. 조금 쉬고 싶었다. 금암 삼거리를 지나니 GS25가 보여서 잠시 쉬어 가기로 했다. 제대로 밥을 먹지 못했으니 잠시 자리에 앉아서 삼각김밥이라도 먹고 싶었다.

도착지인 서대구 고속버스 터미널까지는 12km 정도 남았다. 시간상 그렇게 서두를 필요는 없어 보였다. 남은 12km에는 그렇게 어려운 길도 남아있지 않았다.

마을에 있는 편의점 테이블에 앉아서 로리와 삼각김밥을 먹었다. 그러고 나서 편의점 거울에 비친 우리의 초췌한 모습을 보며 낄낄 거리기도 했다. 유학산 옆 아스팔트 길을 오르고 경북대로 내리막 달리기를 하고 난 후의 휴식이라서 너무 달콤했다.

우리가 오늘 달려온 거리의 획득 고도를 확인했다. 너무 힘들었기에 체감상 900m ~ 1,000m 정도의 고도를 획득했을 것으로 생각했다. 하지만 실제로 측정된 획득고도는 600m 정도밖에 되지 않았다. 강렬한 태양 때문에 더 힘들게 느껴졌던 걸까? 조금 충격적이었다.

20분 정도의 휴식을 하고 나서 다시 달리기 시작했다. 동명면에서 나와 3km쯤 달리니 저 멀리서 직사각형의 녹색 표지판이 보였다. 자세히 보이지 않았지만 분명히 좋은 소식을 알리는 표지판이 분명했다. 조금 더 속력을 내어 달려보았다.

대구광역시
Daegu
북구 Buk gu
읍내동

대구광역시라는 표지판을 보자마자 몸에 소름이 끼쳤다. 솔직히 이때쯤은 종주가 끝난 듯 기뻐했다. 하지만 "아직 끝난 거 아니야"라고 말해준 로리덕분에 차분한 마음을 유지할 수 있었다. 설레는 마음을 감추고 달리기에 집중해야 했다.

녹색 이정표 사진을 찍고 나서 지도를 확인했다. 이제 나는 서울보다 부산에 가까이 있다. 여기까지 오는 과정이 완벽하진 않았지만 꽤 많이 왔다. 매 순간 위기가 있었고 포기하는 순간의 연속이었지만 모든 상황을 견디며 여기까지 왔다. 오늘만큼은 나 자신을 제대로 칭찬해 주고 싶었다. 날씨를 포함하여 모든 게 쉽지 않았지만 그런 상황에서도 나는 잘하고 있었다.

대구 시내에 들어서자마자 정말 오랜만에 전철을 봤다. 정확히 말하자면 지상철인데 나는 그게 너무 신기했다.

그래서 육성으로 "우와 전철이다!"라고 말했다. 맞다, 도시였다. 전철이 있고 자동차가 도로에 줄 서 있고, 아파트가 넘쳐났다. 그리고 도시답게 인도가 매우 넓었다(!!)

여태껏 보도와 자동찻길의 경계가 명확하지 않은 곳을 뛰다가 자동차 사고 걱정 없이 편안하게 달리기에 집중할 수 있다는 사실만으로도 감사했다.

우리가 뛰어가는 곳 옆에는 팔거천이 있었다. 일상을 살아가는 사람들이 보였다. 자전거를 타는 사람들도 보였고, 조깅하면서 하루를 마무리하는 사람들도 보였다. 비록 내가 그들에게 다가가서 말을 섞은 건 아니지만, 도시에서 일상을 살아가는 사람들을 다시금 볼 수 있다는 사실이 감사했다. 구미공단에서는 각자의 삶이 하나의 맞물린 톱니바퀴처럼 보였다면, 대구에서는 한 명 한 명의 삶이 소중하게 느껴졌다.

대한민국을 뛰어다니면서 일상에서 놓치던 사소한 것들이 소중하게 느껴졌다. 많은 사람이 있는 도시, 40m만 걸어가면 또 있는 편의점, 성곽 같은 아파트 단지, 선택 장애가 생길 만큼 넘쳐나는 음식점 등, 내가 당연하게 여겼던 모든 것들이 전부 소중해졌다. 며칠 동안 야생동물처럼 달리다가 들어온 대구는 특히 더 웅장하게 느껴졌다.

우리는 점점 대구의 중심으로 들어가고 있었다. 칠곡네거리를 거쳐 태전역쯤 왔을 때는 조금 흥미로운 사실을 알게 되었다. 대구에서는 자전거를 타는 사람들이 많은 것 같다. 태전역에서 팔달교까지 3km 정도를 달리면서 우리를 지나친 자전거만 족히 20대 이상이었다.

처음에는 '이 동네에서 자전거를 타면 무슨 혜택 같은 게 있나?' 싶을 정도로 자전거를 탄 사람이 많았다. '아니면 동네 유행인가?' 그렇다고 우리가 달리는 길이 자전거를 타기에 최적화된 길도 아니었다.

팔달교를 지나 공단역 쪽을 통과하면서 시간을 확인했을 때는 시간이 오후 6시 30분 정도였다. 거의 다 와 갈 때 힘이 들어서 몇 번 멈췄었다. 체력을 모두 소진한 느낌이었다.

잠깐 멈춰 서 있을 때 우리 앞을 지나가는 버스가 있었다. 순간 버스 창문에 얼굴을 기댄 채 쉬고 있는 여인이 보였다. 그 사람은 퇴근길 같았는데 굉장히 지쳐 보였다. 나도 지쳐 있었다. 그 장면을 보며 처음으로 일상을 살아가는 사람과 우리의 시간 리듬이 맞는다고 생각했다. 얼른 쉬고 싶었다.

남은 거리가 1km 미만이 되지 않았을 때, 나랑 로리는 쥐어짜 내듯이 달려서 서대구 고속버스 터미널에 도착했다.

📍 서대구 고속버스 터미널
대구 북구 팔달로 103

나는 〈미친 달리기〉 프로젝트의 80%쯤 되는 거리를 달려왔다. 그리고 로리는 종주가 끝났다. 힘든 몸을 이끌고 나와 함께 달려준 로리가 진심으로 존경스러웠다. 거의 200km를 나와 함께 달린 것인데, 경험이 없는 상태에서 장거리 달리기를 하는 것은 쉽지 않다. 특히 4일 연속으로 40km 이상 달리기는 더더욱 어렵다. 그리고 고생을 시킨 것 같아서 미안한 마음도 있었다.

로리의 서울행 버스까지 시간이 조금 남아서 잠시 숙소에 함께 들렸다. 여느 때와 다름없이 허름하고 산만한 모텔로 들어가서 체크인했다. 엘리베이터를 타고 올라온 복도 벽에는 "How do you feel today?"라는 문구가 적혀 있었다. 나는 그 문구를 째려봤다. 어떻냐고? 니가 하루 종일 뛰어봐라.

우리는 모텔에서 대충 씻고 나와 가장 빠르게 먹을 수 있는 음식인 햄버거를 먹었다. 정확히 표현하자면 이 당시에 나는 햄버거를 먹은 게 아니라 햄버거를 삼켰다. 내가 이때 어떻게 햄버거를 먹었는지 기억이 잘 안 난다.

햄버거를 삼키고 승합실에서 20분 정도 기다리다 보니 고속버스터미널행 버스가 도착했다. 며칠 동안 함께 고생했던 사람이 떠난다니 고맙기도 하고, 미안하기도 하고, 그리고 자랑스럽기도 했다.

버스를 타는 로리에게 쓴웃음을 지으며 손을 흔들었다. 뜨거운 길을 함께 달리던 사람이 순식간에 없어졌다. 허전했다. 남은 며칠은 혼자 달리며 잘 버틸 수 있겠지?

함께 고생하던 사람의 공백은 생각보다 컸다. 허전함은 쉽게 가시지 않았다. 밖에 있으면 마음이 더 붕 떠 있을 것 같아서 로리를 보내고 나서 모텔로 곧바로 들어왔다.

원래는 대구에서 하루 휴식 후 출발하는 것도 고려했었다. 지금 상태를 체크해보니 몸이 피로하긴 해도 하루를 쉬어야 할 정도는 아닌 것 같았다. 핸드폰 배터리로 표현하자면 체력이 45% 정도는 남아있었다. 얼마 남지 않은 듯하지만, 꽤 오래 사용할 수 있는 정도다. 하루하루가 쉽지 않은 날이지만 그래도 잘 해내고 있었다. 분명 초반까지만 해도 달리는 나에게 의문이 들었지만, 이제는 자신이 있다. 잘하고 있다고 느꼈다.

침대에 누워서 내일 경로를 다시 체크했다. 대구에서 경남 방향으로는 가는 방법은 두 가지가 있었다.

1. 대구 → 청도 : 40km
2. 대구 → 창녕 : 56km

처음에는 1번 경로인 대구 → 청도 경로에 잠시 혹했다.

대구 → 창녕 코스에 비해 훨씬 짧은 코스이기 때문이다. 그리고 지도상으로는 청도가 부산까지 가는 직선 방향처럼 보였고, 창녕은 부산을 향해 조금 돌아가는 느낌이 들었다.

순간 기존 계획과 다르게 경로를 바꾸고 싶다는 엄청난 유혹이 있었다. 하지만 더 이상 지도에 속으면 안 된다. 길이 가까워 보여도 실제로 높은 산을 넘어야 하거나 국도를 달려야 하는 리스크를 감수해야 하기 때문이다.

나는 오늘과 같은 실수를 반복하고 싶지 않았다. 지금, 이 상황에서 짧은 거리의 유혹에 속아 도박하는 것은 조금 위험하다고 판단했기 때문이다. 짧은 거리의 유혹을 버리고 내가 기존에 정해 놓은 경로인 창녕 방향으로 가기로 했다.

DAY 8

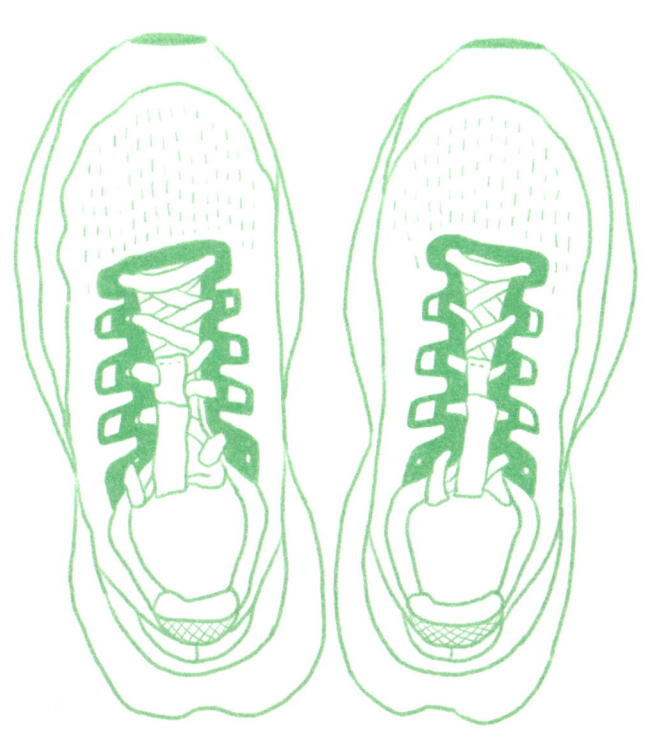

Day 8

경상남도

56.01km

▶ **일자** : 2023년 9월 12일(화)
▶ **경로** : 대구 만평역 → 창녕군청

    운수가 좋은 날이었다. 잠에서 깨자마자 창문을 열었다. 9월 12일 화요일은 달리기 종주를 실행한 이후로 날이 가장 흐렸다. 해가 언제 또다시 뜰지 아무도 모르는 거지만 나에게는 엄청난 기회였다. 일기예보 상 내일부터 비가 온다고 예보가 되어있었다. 비가 오고 나면 가을이 시작될 것 같았다. 나는 여름의 막바지에 있었고 나의 달리기 종주도 거의 막바지에 있었다.

오늘은 '달리기를 어떻게 해야 해!'와 같은 생각이 별로 없었다. 그냥 '일어나는 시간에 맞춰서 나가자', '끝까지만 가자' 정도의 다짐만 했었던 것으로 기억한다.

걸어서 국토 종주하신 분들의 후기 글들을 읽어본 바로는 보통 대구에서 하루 쉬어가신다고 한다. 나도 그렇게 해야 하나 싶었는데 하루를 쉬어버리면 몸의 긴장이 풀려서 다시 달리기 힘들 것 같았다. 조금 힘들더라도 할 때는 제대로 하고 휴식은 도착지인 부산에서 하고 싶었다.

침대에서 대충 일어나 스트레칭하고 나서 모텔방을 둘러봤다. 나흘 동안 함께한 로리가 없으니 공백이 느껴졌다. 이 모텔방이 내 방도 아닌데 허전함이 느껴지는 건 무언가 이상했다. 그리고 '내가 혼자 체력 분배를 하면서 잘 뛸 수 있을까?' 하는 걱정이 되었다.

나는 체력을 분배하면서 뛰는 것에 자신이 없다. 혼자 뛸 때는 스마트워치를 잘 보지 않고 평소보다 훨씬 많은 거리를 달리는 경우가 많다. 그래서 항상 로리가 나의 제어장치 같은 역할을 해주는 편이다. 제어를 해주는 사람이 없으니 어디까지 '급발진' 할지 모르는 상태가 되어버린 것이다.

물론 혼자 뛰면 조금 더 기동력 있게 움직일 수 있다. 누군가와 같이 달릴 때보다 비교적 더 빠른 페이스로 달릴 수 있고, 휴식 시간을 줄여가면서 멈추지 않고 갈 수 있다. 하지만 장거리 종주는 며칠 동안 계속 달려야 하므로 속도보다는 지속성이 중요하다. 일반 마라톤 대회에서는 제한 시간 내에 42.195km를 빠르게 달려서 골인 지점에 들어와야 하지만, 장거리 종주는 마라톤 대회보다는 조금 긴 호흡으로 천천히 달려야 한다. 나의 이런 느린 호흡이 망가지지 않도록 주의하려고 노력했다.

7일 누적 거리를 계산해 보니 337.74km였다. 내가 달려온 거리지만 기간 대비 너무 많은 거리를 달린 것이 비현실적이어서 오히려 놀랍지 않았다. 나는 보통 한 달에 누적으로 300km~400km 정도를 달린다. 일일 단위로 계산해 보면 하루평균 10km~15km정도 달리는 것이다. 하지만 이렇게 단기간에 300km 이상 달린 것은 처음이었다. 그래서일까? 태어나서 아파본 적 없는 종아리 쪽이 너무 욱신거렸다. 이전에는 달리면서 다리가 아팠던 적이 없었는데, 이번 프로젝트를 진행하는 동안 여러 고통과 한계를 느끼면서 나도 어쩔 수 없는 인간이구나 싶었다.

파스를 뿌려보았지만 소용이 없었다. 그리고 며칠 전부터 너덜거리던 오른쪽 발의 약지 발톱도 거의 빠져버렸다. 더 달리다가 발에 큰 문제가 생기는 거 아닌가 싶어 겁이 났지만 여기까지 두 발로 온 것만 보면 부산까지는 버텨주지 않을까? 단순하고 긍정적으로 생각했다. 이제부터는 정신력이 더더욱 중요했다.

시간이 부족하여 대구에서 막창을 먹어보지 못하고 떠나는 것은 아쉬웠다. 대구 막창이 유명하다던데 언젠간 다시 먹으러 오리라고 다짐했다.

오전 8시 12분, 달리기를 시작하면서 대구 시내를 구경했다. 운 좋게 대구 만평역부터 달서군 까지 대략 14km 정도는 되는 거리를 달리며 대구 시내를 구경할 수 있었다.

도시를 달리면서 '얼마 만에 하는 시티 러닝일까' 하고 생각했다. 이것 또한 곧 끝나기에 최대한 눈에 많이 담으려고 했다.

대구는 첫 이미지처럼 거대한 도시였다. 넓은 도로와 많은 사람들로 시작되는 도시의 복잡성, 그리고 건물들까지. 나도 작지 않은 도시에 살고 있지만 체감상 대구는 내가 살고 있는 곳보다 더 크게 느껴졌다.

혹은 내가 며칠 동안 산과 들판만 달려오다가 빼곡한 건물과 아파트를 봐서 상대적으로 더 거대하게 보일 수도 있을 것 같았다. 며칠 동안 내 눈앞에는 초록빛이 가득했는데 오늘은 회색이 가득했다. 특히 흐린 날씨가 회색의 농도를 더욱 진하게 만들었다. 오랜만에 보는 회색 도시가 익숙하기도 하며 어색하기도 했다.

나는 확실히 도시가 달리기 편하다. 신호체계와 보도 같은 것들이 주는 안정감이 좋다. 물론 중간에 신호등으로 인해 달리기 흐름이 끊기는 것은 어쩔 수 없지만 지금의 나로서는 신호등이 있을 때 잠시 멈춰 서 있는 것이 오히려 도움이 됐다.

평리동과 두류동을 가로지르며 느낀 점이 있다면 광역시는 도시마다 느낌이 비슷한 것 같다는 것이다. 노후화된 듯한 지하상가의 간판을 보면서 그런 생각을 했다.

그리고 대구는 지역 명칭이 예뻤다. 두류, 와룡, 본리, 평리 등등. 이방인으로서는 이런 지명이 이국적이기도 하고 조금 말랑말랑하게 들린다. 그중에서도 두류는 조금 익숙한 명칭이기도 했다. 인스타그램에서 대구 러너 분들의 피드를 보니 두류 공원이 이 동네 러닝의 성지 같은 느낌 같았다. 잠시 네이버 지도를 확인해 보니 내가 지나가는 두류역과 멀지 않은 거리에 자리 잡은 것 같았다. 잠시 시간 내 들릴까 싶었지만, 오늘 56km를 달려서 창녕까지 가야 했기 때문에 나중을 기약했다.

도시를 가로지르다가 승합차에 적혀 있는 파란색 배경에 강렬한 느낌의 빨간색 폰트로 쓰여 있는 '파워풀 대구' 문구를 여러 번 봤다. '파워풀 대구'가 뭐지? 처음에 그 문구를 봤을 때는 시 자체에서 진행하는 동기부여 토크쇼 같은 것인 줄 알았는데 확인해 보니 대구시 슬로건이라고 했다.

보통의 도시 슬로건과 차별점을 두고 있는 것 같아서 인상 깊었다. 내가 느낀 대구 이미지와 도시 슬로건은 이질감이 없는 것 같다. 도시에 다이나믹한 느낌이 있다는 것은 좋은 것 아닐까 싶다.

달서구를 벗어나 화원 유원지의 편의점에서 잠시 멈추기로 했다. 편의점에서 음료수를 사고 샌드위치를 먹었다. 몸이 힘들지는 않았지만 여기서부터 달성보까지는 편의점이 없을 것 같아서 미리 쉬어 두고 싶었다.

서울부터 대구까지 달려오면서 성장한 것 중 하나는 체력을 안배하는 능력이 생긴 것이다. 종주 이전의 나는 무리를 하고 다음 날 하루 종일 골골거리기 일쑤였다. 하지만 나 혼자 모든 것을 책임져야 하는 상황이 오니까 살아남기 위해 완급을 조절하기 시작했다. 쉴 수 있는 타이밍이 주어졌을 때 쉬지 않아서 고생을 몇 번 한 것이 큰 공부가 되었다.

역시 경험은 항상 옳다.

대구 달서군을 벗어나 다시 종주 길에 접어들었다. 건물의 개수와 자동차의 소음이 줄어들고 눈에 익숙한 광활한 평지와 논이 보이기 시작했다. 그리고 곧 낙동강 자전거길이 시작되었다. 낙동강 자전거길에서 한 5km 정도 달렸을 때쯤인가, 저 멀리에 그토록 원하던 대구 시내가 한눈에 보였다.

기분이 이상했다. 내가 그토록 도착하길 원하던 곳에 오래 머물지 못한다는 사실이 아쉽기도 했고, 나중에 시간적 여유가 생긴다면 여행자로 다시 오고 싶었다.

대구에서 창녕으로 가는 낙동강 자전거길은 유난히 인적이 드물었다. 자전거길 양쪽으로는 수풀이 무성했고 중앙으로는 메뚜기들이 뛰어다녔다.

평소와 다르게 지나가는 자전거가 없어서 조금 심심하기도 했고, 한편으로는 자전거길을 독점으로 사용하는 것 같아서 만족스러웠다. 내가 또 언제 사람이 없는 곳을 누비며 달릴지 모르니 최대한 자유를 만끽하려고 했다.

쭉 뻗은 길에서 어떻게 하면 지루함을 이겨낼 수 있을까 고민했다. 그러다가 또다시 사막 마라톤을 상상해 보았다. '끝없이 펼쳐진 모래사막을 헤쳐 나가는 기분은 이런 느낌일까? 사막에는 편의점도 없잖아.' '그러면 물 보급은 어떻게 하지?' 곧이어 지금 이 모든 과정은 사막 마라톤 연습의 일부라고 나 자신을 세뇌했다.

"나는 사막 마라톤중이다"

"사막 마라톤을 나가기 위해서 이 여름에 달리는 것이다."

"사막 마라톤은 이것보다 힘들다."

그렇게 달성군 논공읍에 들어설 때까지 지루한 길을 계속 달렸다. 이 구간에서는 볼거리가 그다지 많지 않았다. 나의 발걸음을 보고 양옆으로 도망치는 메뚜기들을 구경하거나 간혹 자전거 한두 대가 지나가는 걸 보면서 부러워했었다.

계속해서 비슷한 길을 달리다 보니까 내가 실험용 쥐가 된 기분이다. 도시를 벗어나면 자전거길의 풍경이 많이 변하는 것은 아니라서 '내가 옳은 방향으로 가고 있나?'라는 의심이 자주 들었다. 그 때문에 나는 습관적으로 핸드폰을 한 손에 쥐고 달렸다. 방향감각을 잃을 것 같을 때면 핸드폰으로 위치를 확인한 후 안심하고 계속 달리기를 반복했다.

오후 1시 30분, 심리적으로 길게 느껴진 22km가 끝나고 달성보 구간에 도착했다. 혹시나 양평에서 여주로 가는 구간처럼 편의점이 없을까 불안했는데 운 좋게도 큰 편의점이 열려 있었다. 제대로 된 식사를 할 만큼의 여유가 없었기에 햄버거 빵과 코카콜라를 사 먹었다. 그러면서 부족한 게 있는지 추가로 확인했다. 지금 편의점이 오늘의 마지막 휴식처였다. 편의점 앞 벤치에는 사람들이 많아서 좋았다. 대부분 자전거를 타시는 분들이었다. 종종 관광객처럼 보이는 외국인도 있었지만, 충주에서 문경 가는 구간처럼 외국인이 많지는 않았다.

따뜻한 햄버거를 먹으면서 지도를 확인했다. 지금까지는 총 31km를 달렸다. 그리고 달성보에서 창녕군청까지는 25km를 더 달려야 했다. 오늘 예상한 거리의 절반도 남지 않았으니 조금은 긍정적으로 봐도 되지 않을까? 해가 저물기 전까지 도착하기로 했으니 조금 더 여유 있게 달리겠다고 다짐했다. 식사가 끝난 후 앉은자리에서 20분 정도 쉬다가 다시 출발했다. 달리면서 졸린 느낌이 들어서 신기했다. 어떻게 운동을 하면서 피곤한 느낌이 들지? 내가 만약 눈을 감는다면 달리면서 잠들 것 같은 느낌이 들었다. 피곤함을 어떻게든 이겨내려고 노력했다. 다행히 남은 에너지 젤 1개를 섭취하니 피로감이 곧 사라졌다.

논공읍을 지나 현풍읍으로 오는 방면에는 자전거길에 문제가 조금 있었다. 이번 여름 잦은 비로 인하여 낙동강 수위가 많이 올라와 나무 잔해와 쓰레기 더미가 가득했다. 특히 토사물이 자전거길을 막고 있었기에 자전거는 주행할 수 없을 정도였다.

대구광역시 달성군 현풍읍 성하리 산81-3

그 이후 국도 옆의 보도로 잠시 달렸다. 달성소방서 앞까지는 보도가 있었지만, 이후로는 거짓말처럼 보도가 사라졌다. 또다시 자동차들과 사이좋게 국도에서 달리기를 시작했다. 종주를 하면서 대부분의 돌발상황에 무뎌졌지만, 국도 위에서 화물차와 달리기를 하는 것은 아직도 익숙하지 않다. 나는 달리기를 사랑하지만 달리다가 도로 위에서 죽고 싶지는 않았다. 국도 위를 달릴 때마다 자동차를 조심해야 한다는 강박적인 생각에 머리가 지끈거렸다. 내 옆으로 자동차가 지나갈 때 바람이 나를 때리는 느낌이 공포감을 더 조성했다.

어제는 자동차가 밀려오는 타이밍에 갓길에 바짝 붙어

소극적으로 달렸지만, 오늘은 아니었다. 자동차가 오든 말든 갓길로 전속력을 다해서 달렸다. 최대한 빠르게 지옥 같은 국도 러닝을 그만두고 싶었기 때문이다. 내가 공포감을 느낀 만큼 빨리 달렸다. 왜 매일매일 새로운 이벤트가 나를 기다리고 있는 걸까?

현풍읍 인근 5번 국도 어딘가

그렇게 5번 국도를 경유하여 달성군 유가읍까지 6km 정도를 달렸다. 다행히 목숨은 붙어있었다.

오후 3시 30분 한정교라는 작은 다리를 건너면서 주변을 둘러봤는데 마을이 정말 예뻤다. 특히 키가 크게 쭉 뻗은 나무들이 인상 깊었다. 나중에 찾아보니 실제로 이 마을은 달창지 벚꽃길로 유명하다고 한다.

길게 쭉 뻗은 나무들이 이어져 있는 길과 차천, 그 뒤로 있는 산맥이 아름다운 풍경을 만들어냈다. 거기에다가 마을 어르신들이 모여서 게이트볼하는 것까지 완벽하게 평화로운 그림이었다.

눈앞에 놓인 평화로운 장면의 요소를 하나하나 분해하여 살펴보았다. 나도 달리기를 멈추고 평화 속의 일부가 되고 싶었다. 하지만 평화를 만끽하기에는 아직 이르다. 조금 더 힘을 내서 가야 했다.

조금 더 가다 보니 멀리서 큼지막한 이정표가 보였다.

📍 경상남도 창녕군 성산면

'드디어 경상남도구나' 나는 종주를 하면서 경북과 대구에서만 거의 5일을 보냈다. 내 종주 기간의 절반 이상을 거의 경북에서 보냈다고 봐도 무방하다. 그렇게 큼지막한 곳에서 드디어 벗어나 부산에 한 발짝 더 가까워졌다.

아직은 꽤 많은 거리가 남아있었지만, 지역을 넘었다는 자체가 나에게는 항상 큰 동기부여가 되었다. 오늘의 도착지인 창녕군청까지는 12km 정도밖에 남지 않았다.

나는 문득 창녕이라는 동네가 궁금했다. 대구, 구미는 살면서 많이 들어봤고 미디어로 모습을 조금씩 접하기도 해봤지만 창녕은 나에게 조금 생소한 곳이었다. 창녕 초입에서 시내로 가는 길의 배경이 자주 바뀌어서 지루하지 않았다. 작고 큰 시골 마을들을 통과하면서 어르신들이 삼삼오오 모여 이야기하는 모습을 보기도 했고, 드넓게 펼쳐진 논밭을 보면서 '이제 며칠 뒤면 지겨웠던 너도 끝이다'라는 생각을 했다.

대합면 마을을 벗어나니 시골길이 중간에 끊겨서 또다시 5번 국도 위에서 달렸다. 그래도 아까에 비하면 국도에서 달리는 구간이 그렇게 길지는 않았다. 위험하고 무섭지만, 국도 달리기도 조금씩 적응이 되어가고 있었다.

달리다가 잠시 시계를 봤다. 스마트워치에는 51km라고 기록이 되어있었다. 51km는 대략 경기도 고양에서 수원 정도의 거리다. 이 거리는 자동차로도 꽤 먼 거리인데 내가 8일 동안 거의 388km를 달리고 나서 또 50km 이상을 뛰고 있다는 게 새삼 신기했다. '아, 이게 가능한 거구나.'

시계를 보며 신기해하다 다시 논밭을 달리기 시작했다. 거의 다 와 갈 때쯤 약간 집중력이 흐트러지는 느낌이 들어서 달리기에 집중하려고 했다. 그렇게 시간이 흘러 오후 5시 39분, 오르막길을 달리다 보니 창녕군청에 도착했다.

🌳 창녕군청
경남 창녕군 창녕읍 군청길 1

달리기를 멈추고 주변을 다시 둘러봤다. 50% 정도만 보이던 창녕군이 제대로 보이기 시작했다. 창녕군은 이번 종주에서 내가 발견한 가장 보물 같은 곳이라고 할 수 있다. 군청 뒤에는 드높은 암산이 겹겹이 쌓여서 웅장함을 자아냈다. 2019년에 처음으로 샤모니(프랑스 몽블랑 산의 서쪽에 있는 소도시) 마을에 갔을 때 몽블랑산맥을 보고 받은 웅장한 느낌과 약간 유사한 느낌이었다. 크기에 차이가 있을 뿐 창녕군 마을을 배경으로 한 뒷산도 웅장했다.

고개를 돌려 군청에서 마을을 내려다보았다. 창녕 마을은 작고 아담한 건물들과 몇 개의 목욕탕 기둥이 수를 놓았다.

경상북도 경주시와 비슷하면서도 아기자기한 느낌을 주는 독특한 동네였다. 이렇게 특별한 분위기를 가지고 있는 동네인데 왜 관광화가 안 됐지? 특히 사진을 찍는 사람들이라면 이 동네를 좋아할 것 같은데 왜 창녕이 안 유명한지 조금 의문을 가졌다.

군청에서 동네로 내려와서 내가 예약해 놓은 숙소에 체크인했다.

비사벌 모텔
경남 창녕군 창녕읍 명덕로 43

모텔은 3층짜리 큰 건물이었다. 목욕탕 건물과 붙어있어서인지 심지어 이용객은 건물 내에 있는 대중목욕탕을 무료로 이용할 수 있다는 안내문이 붙어있었다. 마음 같아서는 저녁밥을 포기하고 곧장 목욕탕으로 향하고 싶었다. 하지만 현실적으로 먹는 게 우선이었고, 빌어먹을 손빨래도 해야 했다. 이것저것 해야 할 것에 대한 시간 계산을 하다 보니까 목욕탕 방문은 자연스럽게 포기하게 되었다. 종주를 하면서 관광 따위의 것들을 포기해야 하는 경우가 많았다. 포기를 해야만 내일의 내가 문제없이 달릴 수 있었다.

　숙소 방문을 열었을 때 방에서 세월의 흔적이 느껴졌다. 장판에는 보일러 자국과 같은 그을림 자국이 남아있었다. 그리고 식탁에는 먼지가 묻어 있었다. 뭐, 별 상관없었다. 나는 잠만 자면 됐으니까. 유목민과 같은 생활을 하는 중인 나는 어차피 내일이면 이 동네를 떠나서 또 다음 도착지로 향해야 한다. 집이 그리웠다. 그리고 내 물건으로 가득 찬 내 방이 그리웠다. 달리기 모험도 분명 재미있고 흥미로운 일이지만 나는 많이 지쳐있었다. 누울 곳이 있어도 나한테는 전부 같은 침대가 아니었다. 내 방에서 쉬는 것과 낯선 곳에서 휴식하는 것은 결과적으로 휴식의 질이 다르다. 이쯤에서 집의 소중함을 깨달았다. 집에 가고 싶었다.

힘든 몸을 화장실까지 질질 끌고 가서 샤워했다. 그리고 평소처럼 입은 옷들을 빨래했다. 상주 숙소를 제외하고 매일 손빨래를 하니까 손에 물집이 잡혔다. 발이야 이미 다쳐있었는데 손에 물집까지 잡혔으니 드디어 온몸에 성한 곳이 없다고 당당히 말할 수 있었다!

솔직히 말해서 온몸이 성하지 않은 상태의 나를 스스로 돌봐야 한다는 것은 정말 어려운 일이었다. 그렇지만 더 잔인한 현실은 앉아서 불평불만을 할 시간이 없다는 것이다. 빨래하고, 말리고 밥을 먹어야 했다. 그리고 다음 날 경로를 체크해야 했다. 모든 것이 딱딱 들어맞아야 하는 군인 같은 스케줄을 지속해야 했다.

종주 동안 특정 동네를 제대로 구경해보지 못한 것이 아쉬웠다. 저녁에라도 창녕 동네를 둘러볼 겸 밥 먹으러 밖으로 나왔다. 간단하게 햄버거를 먹고 나와 다리를 절름거리며 동네를 둘러봤다.

저녁이 되니 부는 선선한 바람, 오르막이 가파르지 않게 이어진 명덕로, 그 도로 사이에 있는 작은 가게들. 백반집에서 소주를 마시며 하하 호호하는 어르신 무리의 웃음소리와 고기 굽는 소리, 신발 떨이 가게를 둘러보는 가족들까지, 그저 그런 저녁이었지만 나에게는 연말에 가족이 모여 시간을 보내는 것처럼 모두 평화로워 보였다. 조금 뜬금없지만 이런 따듯한 동네 분위기에서 내가 잘해 나가고 있다는 위로를 받았다.

대구에서 창녕까지 오는 길은 분명히 험난하고 지루했다. 심지어 8km 정도는 의도치 않게 자동차와 함께 달렸다. 그 당시에는 머리가 지끈거릴 정도로 스트레스를 받았지만, 눈앞에 보이는 따듯한 것들을 보고 있으니 모든 게 잊혔다. 여기에 오지 않았으면 오히려 후회했을 것이다. 그런 동네의 분위기를 뒤로 하고 잠을 자러 숙소에 들어갔다.

DAY 9

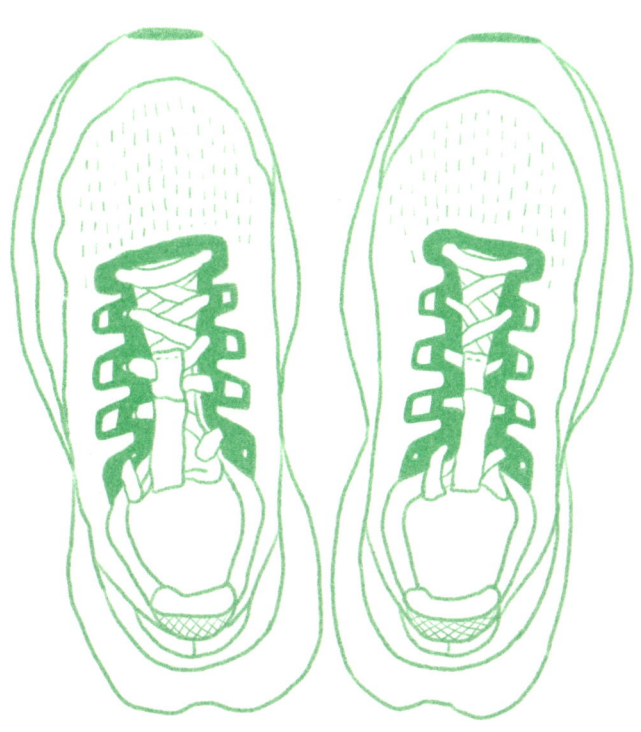

Day 9

유난한 하루

100.10km

▶ **일자** : 2023년 9월 13일(수)
▶ **경로** : 창녕군청 → 창원 → 김해 → 광안리 해수욕장

곧 비가 올 것 같았다. 날씨가 습한 것도 그렇고 하늘에 먹구름이 잔뜩 끼어 있었다. 오늘은 비를 맞고 뛰겠구나 싶었다.

유난한 날이었다. 평소와 다르게 잠에서 깨자마자 달려야 한다는 강박증이나 스트레스 같은 게 전혀 느껴지지 않았다. 기분이 나쁘지도 않았다. 바다 한가운데서 목적지 없이 둥둥 떠다니는 돛단배가 된 느낌이 있었다. 내 마음은

생각보다 편안했다. 한계가 없어진 느낌이었다.

한계,

의자에 앉아서 한계라는 단어를 곱씹었다. 그리고 내가 달려온 경로를 계산하며 누적된 거리를 계산해 보았다.

8일 동안 393.81km를 달렸다.

단기간에 많이 달려온 상태에서 오늘의 나는 얼마나 더 달릴 수 있을까 문득 궁금해졌다. 오늘은 조금 오래 달릴 것 같았다. 고통이 극에 달해 한계치를 넘으니 오히려 무(無)의 상태가 된 것 같았다.

어차피 땀으로 젖을 몸이지만 나가기 전에 샤워했다. 달리기 전에 하는 신성한 의식이었다. 씻고나와 편의점에서 사둔 컵라면과 삼각김밥을 먹었다. 그리고 어젯밤에 냉장고에 넣어둔 트레일 러닝백의 상태를 확인했다. 내 생각보다 그렇게 시원하지 않았다. 아쉽게도 냉장고에서 꺼낸 트레일 러닝백은 촉촉하기만 했다.

오전 8시 20분, 모든 준비를 마치고 모텔을 나왔다. 모텔 주차장에서 몸을 풀면서 내가 머물던 건물을 봤다. 모텔보다는 크고 유스호스텔 건물보다는 조금 작은 규모였다. 특히 모텔이랑 목욕탕이 붙어있는 것이 나로서는 굉장히 신기했다.

전기자동차가 주행하듯 달리기는 아주 가볍게 시작되었다. 보폭도 안정적이었고, 무거운 느낌도 하나도 없었다. 이런 여유를 틈타 창녕 읍내를 구경하며 빠져나왔다. 어제 다 못 본 동네를 조금이나마 더 들여다볼 수 있었다.

아무리 봐도 특성이 뚜렷한 동네다. 작은 천과 고택들, 그리고 정사각형의 1층짜리 작은 건물들. 특히 어떤 동네에서도 쉽게 볼 수 없는 목욕탕 기둥들까지. 나는 이 동네가 좋았다. 아담하고, 평화로웠다. 한국의 어떤 동네에서도 느껴보지 못한 고유의 분위기를 가지고 있었기 때문이다. '이렇게 아기자기하고 예쁜 마을이 왜 유명하지 않을까?'라는 생각이 다시 들었다. 분명 다른 사람들도 좋아할 만한 곳이다.

마을이 크지 않았기에 금방 벗어났다. 가로수와 같이 큰 나무가 있는 내리막길을 달릴 때도 안정적이었다. 아무리 컨디션이 좋다고 한들 오버페이스 하지 않으려고 노력했다.

곧이어 보도와 자동찻길의 구분이 없는 시골길의 연속이었다. 내가 달리는 길 위로는 중부내륙고속도로가 있었다. 길의 컨디션은 그렇게 나쁘지 않았다. 자동차도 많이 다니지 않고 내리막의 연속이었다. 모든 게 내 뜻대로 되는 듯한 달리기였다. 나는 가볍게 달리면서 주변을 둘러보았다.

특히 오늘은 마음의 여유가 있었다.

달리다 보니 '창녕 부곡 온천 마라톤'이라고 적혀 있는 현수막이 보였다. 내가 달리기 세계에 들어오고 나서 관심을 가진 부분은 지역의 중 소 대회들이다. 가장 최근에 참가한 지역 마라톤은 경주 벚꽃 마라톤과 홋카이도 마라톤이었다. 지역 대회에서 달리면 그 동네에서 가장 괜찮은 코스로 달리며 동네를 구경할 수 있다. 또 대회마다 다르겠지만 기념품도 지역 특성에 맞게 제공받을 수 있다. 심지어 홋카이도 마라톤에 참가했을 때는 '쌀'을 받기도 했었다. 달리기 겸 여행까지 가능하고 해당 지역의 러너들도 사귈 수 있어서 매년 로컬 대회에 참가하려고 한다.

아무튼, 창녕 부곡 마라톤 현수막을 보면서 이 동네도 달리기 좋겠다는 생각이 들었다. 내년에 시간이 된다면 여기에 와봐야겠다고 생각했다.

우강리마을에 달려오니 신기할 정도로 사람이 없었다. 또다시 혼자가 되었다. 나 말고는 아무도 없었는데 이런 구간이 5km 정도 지속되었다. '전부 일 하러 나가신 거겠지'라고 생각하면서도 아무도 없으니 조금 무서웠다. 이렇게 사람이 비어 있는 마을을 계속 달리니까 영화 〈트루먼 쇼〉

속 주인공이 된 느낌이었다.

성내리와 우강리를 지나서 1022번 지방도로에 들어왔다. 자동차 우선 도로이긴 하지만 어제 국도를 달릴 때처럼 위협적인 느낌은 들지 않았다. 생각보다 자동차가 많이 다니지도 않았고 국토 종주 자전거들이 꽤 많이 지나갔기 때문이다. 예전에는 자전거를 보면 별생각이 없었는데 종주를 하고 나서부터는 같은 편이라는 느낌이 들었다. '내가 길을 잘 못 가고 있나?' 하는 의심이 드는 찰나에 자전거가 지나가면 '아! 문제없이 잘 가고 있구나' 하고 안심한 적이 여러 번 있기도 했고.

창녕 함안보에 오니까 '국토 종주 길(부산 방향)'이라고 적혀있는 파란색 표지판이 있었다.

드디어 이정표에 부산이라는 단어가 나타나기 시작했다. 부산이라는 단어 하나만으로도 나한테 큰 자극이 되었다. 표지판 속 단어가 얼른 부산으로 오라고 나를 유혹하는 느낌이 들었다.

함안보에서 광안리 해수욕장까지는 자전거길 기준으로 92km 정도가 남았었다. 내가 여기서 새로운 경로를 잘 찾아내면 92km보다 조금 단축된 코스를 찾을 수 있다는 뜻이었다. 더 자세한 계획을 짜기 위해 잠시 하나로 마트 앞

정자에 앉았다.

🏁 하나로 마트 영산농협 길곡지점
경남 창녕군 길곡면 증산2길 13

하나로 마트는 이번 종주 기간동안 나에게 CP(Check point) 같은 존재였다. 종주 기간이 지속될수록 편의점보다는 하나로 마트가 나를 구원하는 경우가 많았다. 시골에서는 편의점보다 하나로 마트를 훨씬 찾기 쉬웠기 때문이다. 나는 마트에서 산 콜라를 마시며 지도를 들여다봤다. 광안리 해수욕장까지 남은 거리와 오늘 달린 거리를 계산했다.

우선, 밀양에서 양산을 통해 부산에 도착하는 91km짜리 코스는 조금 부담이 됐다. 너무 긴 경로였으며, 비 예보가 있었기 때문이다. 비가 많이 내리면 지대가 낮은 자전거 길의 경우는 출입이 통제되는 경우가 있다. 만약 달리다가 그런 일이 생기면 계획이 꼬일 수도 있다. 또다시 이름 모르는 산을 넘고 싶지는 않았다.

여러 가지 변수를 생각하니 잠시 머리가 복잡해졌다. 고개를 젖히고 잠시 눈을 감았다.

'밀양 말고 다른 길이 있지 않을까?'

다시 지도를 들여다봤다. 지도를 들여다보는데 어떤 동네가 눈에 들어왔다.

'김해?'

밀양 방면 낙동강을 경유하는 방법이 싫다면 김해 방향으로 가는 방법이 있었다. 하지만 김해는 내 계획에 없던 곳이었다.

또다시 모험해야 했다. 계획 밖에 있는 새로운 경로로 가는 게 조금 무서웠다. 경로 상태에 대하여 확인을 안 했기 때문이다.

하긴 〈미친 달리기〉 프로젝트를 시작하고 나서부터 지금까지 어떤 날이 쉬웠을까? 9일 동안 모든 날이 쉽지 않았다. 하루하루가 고난의 연속이었다. 계획적으로 레이스를 했던 날도, 국도 위에서 덤프트럭과 함께 뛰었던 순간도, 길고 긴 자전거 길을 뛰어다녔던 순간도, 전부 힘들었다. 서울에서 부산까지 달리기 전에 내가 상상했던 그림은 청춘 드라마였는데 실제로 해보니까 서바이벌에 가까웠다. 결국 어디로 가든 힘든 것은 마찬가지다. 그러니까 계획에 대한 강박은 내려놓고 마음이 이끄는 곳으로 가기로 했다.

또다시 자전거 도로와 1022번 지방도를 번갈아 가며 달리기 시작했다. 이 길은 자전거와 자동차가 공유하는 도로라고 표기 되어있었는데, 그래서인지 자동차들이 자전거를 위해 방어운전을 해주는 느낌을 받았다. 내가 뛰는 게 보이면 자동차 운전을 하시는 분들이 조금씩 피해서 가 주셨기 때문에 무척 감사했다.

1022 지방도와 자전거 도로가 있는 구간에서 본포교가 있는 구간까지 쭉 달려가니 파란색 표지판에 '창원시'라고 적혀 있었다. 자전거길도 이 길로 이어지는 듯 보였다. 점점 더 많은 라이더가 보이기 시작했다.

📍창원시

창원시는 내가 상상한 창원이랑 실제 모습이랑 아주 달랐다. 나름 큰 도시라고 이야기를 많이 들었는데 동읍 방면은 허허벌판이었다. 도시의 외곽이라서 이런 느낌인 건가? 주변에 아무것도 없었다. 낙동강, 자그마한 시골 마을과 큰 산뿐이었다.

오후 2시, 별생각 없이 달리다가 갑자기 불안해졌다. 이런 외진 곳에 식당이나 편의점이 있을까? 그렇다면 어디쯤 가야 다시 편의점이나 식당이 보일까?

전혀 보이지 않았다.

보통 이 시간대쯤 끼니를 챙겨 먹었고, 창원쯤 가면 식당 하나쯤은 있겠지, 하고 안일하게 생각했었는데 그게 곧 문제가 되었다. 자전거 길을 거쳐 유청 마을회관 인근에 보이는 식당을 방문하려고 했는데 공교롭게도 주변의 식당이 전부 문을 닫았다.

어떤 가게에는 '매주 수요일은 휴무입니다.'라고 문에 적혀 있었다. 지푸라기라도 잡는 심정으로 유등리 마을회관에 들어가서 어르신들에게 주변에 장사하는 식당이 없는지 여쭈었는데 모두 고개를 저으셨다. 심지어 마을회관 뒤에 있는 카페도 매주 수요일은 휴무라고 적혀 있었다.

더운 날씨에 식사도 제대로 못 한 상태였기 때문에 굉장히 예민한 상태였다. 그리고 나의 불안함은 곧 화로 증폭이 되었다. 왜 식당이 수요일에 휴무지? 믿을 수 없었다.

어쩔 수 없이 계속 달렸다. 아이러니하게도 지금은 내가 달려야 살 수 있는 상황이었다. 달려야 했다. 계속해서 달려야 했다. 문을 연 가게가 나올 때까지 평정심을 찾으며 달려야 했다. 적어도 10km 이내에서는 식당이나 편의점이 나오기를 바라면서 달렸다.

유등로를 따라서 창원을 벗어나기 직전 마을 주민처럼

보이는 분이 평화로이 자전거를 타고 계셨다. 혹시나 하는 마음으로 그 분에게 다시 한번 더 질문을 했다.

"안녕하세요. 사장님, 혹시 여기 주변에 편의점 있어요?"

"아니요 여기는 그런 거 없는데예, 조금 더 나가야지 있습니다."

나에게는 더 이상 물도 없었고 간단히 먹을 음식도 없었다. 힘도 없었다. 지금까지 50km 가까이 달려온 상태였는데 아무것도 제대로 먹지 못했다. 절망스러웠다. 나의 절망스러운 감정이 아저씨에게 전달이 된 걸까? 아저씨는 자전거 페달에 발을 걸친 상태로 나를 빤히 쳐다보시더니 말을 이어 가기 시작했다.

"내가 지금 승마를 배워 보려고 마을에 있는 승마장에 가고 있거든요, 거기 가면 뭘 좀 얻을 수 있지 않을까예?"

"아… 네, 괜찮으시다면 따라가도 되겠습니까?"

"내 따라오시지예, 거의 다 왔습니다. 여기서 얼마 안 멀어요. 근데 뭐 하시는 분입니까?"

이후는 내가 하는 종주 프로젝트에 관해서 설명해 드렸다.

경남승마클럽
경남 창원시 의창구 대산면 유등리 36-2

자전거길 바로 옆에 있는 승마장에 들어갔다. 눈치가 보였다. 엄연히 영업장인데 내가 거기 계신 분들을 방해하는 것 같아서 죄송스러웠다. 그러면서도 뛰다가 목이 말라서 죽고 싶지는 않았다.

승마장에 들어서니 3명의 승마 선수가 앉아 있었다. 그중 두 분은 마구간 창고 앞 의자에 앉아 담배를 피우고 계셨고 나머지 한 분은 다른 건물에 서 막 나오던 찰나였다. 그리고 웰시코기처럼 보이는 2마리의 강아지가 꼬리를 흔들며 나를 반겼다. 마구간의 말들은 무덤덤하게 건초를 씹고 있었다. 말들은 나에게 관심이 없는 듯했다.

나를 여기까지 데리고 오신 마을주민분이 승마장에 계신 분들에게 나에 대하여 설명하기 시작했다.

'서울에서 부산까지 뛰어가고 있는 청년.'

서울에서 부산까지 뛰어오면서 나에게 붙은 수식이었다. 나를 여기까지 데려오신 어른도 나를 그렇게 소개했다.

승마장에 계신 3명 모두 눈이 휘둥그레지며 나를 쳐다봤다. 그러고는 작은 물병 몇 개를 챙겨 주셨다. 초코파이도 챙겨 주셨는데 그게 나에게 엄청나게 큰 힘이 되었다. 한숨을 돌리고 거기 계신 분들과 조금 자세한 이야기를 나누고 있는데 어떤 분이 나에게 이렇게 말씀하셨다.

"니 사차원이네"

사차원, 왜인지 모르겠는데 이 단어가 마음속에 꽂혔다. 살면서 여러 번 들어온 말이긴 하지만 왜 이 단어가 내 마음속에 꽂혔을까? 좋은 의미인지 나쁜 의미인지 아직도 구분을 잘 못하겠다. 도저히 해결될 마음이 없어 보이는 미제 사건처럼 그 단어가 내 마음속에 남아있다. 하긴 정상인 사람이 서울에서 부산까지 달릴 생각을 하지는 않겠지. 나도 내가 사차원임을 어느 정도 인정했다.

승마 선수분들 중 이모님 한 분이 나를 계속해서 챙겨주려고 하셨다. 내가 진심으로 걱정이 되셨던 것 같았다. 그런 따듯한 마음이 감사했다. 하지만 그 자리에 오래 머무는 게 죄송스러워서 인사를 드리고 금방 빠져나왔다. 죄송스러운 마음에 물과 초코파이에 대한 값을 계산하고 싶었지만 계속해서 그냥 가라고 말씀하셨다. 부족한 내가 감사함을 느낄 때 할 수 있는 것은 계산뿐일까. 양평에서도, 상주에서도, 신세를 질 때마다 쭉 그래왔다. 항상 감사한 마음에 계산으로 보답하려고 한다. 가끔은 진심으로 감사해하며 언젠간 더 크게 도와드릴 수도 있을 텐데 말이다. 나도 어쩔 수 없는 도시 사람일까 아니면 요령이 부족한 사람일까? 아무튼 승마장의 모든 분에게 감사하기도 하고 죄송하기도 했다.

승마장을 벗어나서 자전거길을 잠시 올라갔는데, '여기서부터 김해시입니다'. 라는 파란색 자전거 표지판이 보였다.

경상남도 김해시
경상남도 김해시 한림면 가동리 101-1

김해는 부산에 가기 위한 마지막 도시였다. 더 이상의 관문은 없었다. 그 사실을 알고 있으므로 나는 더욱 차분하게 행동했다. 물론 거의 다 와 간다는 사실은 기분 좋았지만, 이전처럼 표지판을 봤을 때 아드레날린이 솟구치거나 하지는 않았다. 단지 집중하고 싶었다. 부산에 가고 싶었다. 부산이 눈앞에 아른거리는 느낌이 들었다. 그래서 더욱 감정을 절제해야겠다고 생각했다.

광안리 해수욕장까지는 51km 정도 남았다. 멀게만 느껴지던 장소가 51km밖에 남지 않았다니 기분이 조금 이상했다. 며칠 전 지도로 광안리 해수욕장을 봤을 때는 정말 멀리 있었는데 이제는 가까이 있었다. 곧이어 자전거길을 벗어났다. 길이 조금씩 험해지기 시작하더니 덤프트럭이 많이 다니기 시작했다. 이미 큰 자동차들과는 강제로 호흡을 맞춰본 경험이 있었기에 이제는 별로 대수롭지 않았다. 단지 내 머릿속에는 '식당', '편의점'이라는 단어밖에 없었다. 배가 고팠다. 따듯한 음식을 먹고 싶었다. 밥을 먹지 않으니 몸은 날아갈 듯 가벼웠지만 그 반대로 힘을 전혀 낼 수 없었다. 헝그리 정신으로 달렸다.

오후 5시 30분, 계속해서 유지되는 차분함. 그리고 곧 비가 올 것 같은 느낌. 스마트 워치에 표시된 누적 달리기 거리 61km. 내가 오늘 어디까지 갈 수 있는지는 아직 모르지만 느낌이 나쁘지 않았다. 그런 날이 있다. 어떤 이유인지 모르겠는데 유난히 달리기와 내가 일체화된 느낌이 드는 날, 아무리 달려도 힘듦이 느껴지지 않은 날, 발바닥이 지면을 가볍게 치면서 앞으로 나아가는 날, 그런 날이 오늘 찾아왔다. 정말로 유난한 날이었다. 며칠 동안 400km 가까운 거리를 달려왔음에도 불구하고 이렇게 유난한 날을 맞이할 수 있구나, 달리기는 한 치 앞도 예상할 수 없는 거구나.

한림로 252길을 달릴 때쯤, 퇴근 시간과 맞물려서인지 도로에 자동차가 점점 많아졌다. 자동차가 많이 달리는 만큼 속력을 낼 수 없었다. 보도가 있는 곳이라면 크게 문제 될 게 없었지만 내가 달리는 곳에는 보도가 없었기 때문이다. 요령껏 자동차를 피하며 달리는 게 최선이었다.

그리고 조금 달려서 축사가 있는 마을로 들어가 보니 소들이 여물을 씹고 있는 게 보였다. 가만히 여물을 씹고 있는 소가 부러웠다. 얼마나 배가 고팠으면 소들이 여물을 씹는 게 부러웠을까? 실제로 소 앞에 다가가서 "맛있냐?"하고 물어보고 다시 달리기를 시작했다.

달리면서 생각한 건데 보조배터리를 두 개나 챙긴 것은 현명한 선택이었다. 비록 배가 고파도 핸드폰 배터리는 넉넉했다. 그래서 길을 찾을 때 핸드폰이 꺼지지 않을까 하는 걱정은 전혀 하지 않았다.

한림면 안하리 부분을 달리다가 드디어 열려 있는 편의점을 찾았다. 지도상에는 표기 되어있지 않아서 더 멀리 가야 한다고 마음을 먹었기에 눈앞에 보이는 더욱 편의점이 반가웠다.

📍 이마트24 김해 한림점
경상남도 김해시 한림면 안하로 79

당시 나의 몰골이 말이 아니었음에도 불구하고 친절한 웃음으로 맞이해준 점원에게 감사했다. 나는 이 편의점에서 시간을 많이 쓰더라도 저녁 식사까지 하고 출발하려고 했다. 하루 종일 제대로 된 식사를 하지 못했을뿐더러, 부산까지 남은 거리는 43km에 불과했기 때문에 앞으로는 큰 휴식을 하기가 조금 애매했다. 이 편의점에서 넉넉히 30분 정도 쉬었던 것 같다.

따듯한 컵밥과 컵라면을 먹었다. 평소에는 많이 먹지 않는 것들인데 달리고 나서는 음식을 가리지 않게 되었다.

뛰고 나서 먹는 것들은 왜 이렇게 맛있을까? 아무거나 입에 넣어도 좋다. 비록 인스턴트지만 따듯한 밥을 먹으니까 너무 행복했다. 식사하는 동안 배터리가 많이 없었던 시계도 충전했다. 시계가 없이 달렸다면 어땠을까? 핸드폰이 있어서 가능하긴 했겠지만 조금은 불편했을 것 같다.

편의점에 앉아있는 동안 지긋지긋한 시골을 얼른 벗어나고 싶다는 생각이 들었다. 며칠 동안 사람이 없는 시골길에서 주로 달리다 보니까 외로움이나 공허함이 더욱 커졌다.

사람들이 그립다기보다는 사람들이 존재하는 큰 공동체가 그리웠다. 이런 감정은 도시에 대한 그리움이었다.

물론 시골의 허허벌판과 자연을 누비며 달리는 것도 좋다. 그곳을 달릴 때면 복잡했던 생각들이나 감정들이 말끔히 정리되고, 탁 트인 시야로 산과 들판을 달리다 보니 눈이 덜 피로했다.

하지만 며칠 동안 논과 밭만 있는 길을 달린다고 상상해 보자. 시골을 달리는 게 아니라 러닝머신 위를 달리는 느낌이 든다. 그러면서 방향이 조금 헷갈리기 시작하고, 내가 잘하고 있는지 의문이 들며 불안해진다.

'나는 왜 여기서 달리고 있는 거지? 이 길이 맞나?'

비슷한 곳이 반복될수록 시골길을 벗어나고 싶은 마음이 더 커졌다. 또, 사람이 없는 시골 마을을 달리는 것은 조금 무섭기도 하다. 내가 생각하던 시골 이미지는 '정겨움'이었다. 하지만 실제로 사람이 없는 시골 마을에서는 누군가가 숨어서 쳐다보는 음산한 느낌이 들었다.

편의점에서 식사를 하며 지도를 확인해 보니 김해의 가야대역까지는 7km 남짓 남았다. 가야대역까지만 잘 도착한다면 내가 알고 있는 모습의 도시가 나올 것 같았다.

보도가 있고, 지하철이 있고, 그리고 많은 사람들이 있는 도시. 저녁이 되면 네온사인이 번쩍거리고 술집 안에서는 사람들의 하하 호호 소리가 들리는 도시가 나는 그리웠다. 그런 도시에서 달리고 싶었다. 특히 자동차 걱정을 더 이상 하고 싶지 않았다. 국도 달리기는 어느 정도 적응이 되었다. 자동차와 함께 달리는 것도 하고자 하면 할 수 있다.

하지만 내가 적응이 되었다고 모든 게 해결되는 것은 아니었다. 운전자 측에서 만약 나를 발견하지 못하면 내가 죽을 수도 있는 상황이었다. 더 이상 위험한 곳에서 달리고 싶지 않았다.

지금으로서는 도착지까지 달리기에 집중할 수 있는 환경이 절실히 필요했다. 날이 어두워진 만큼 안전에 더욱 신경을 써야 했다.

오후 6시 40분, 충분히 휴식을 하고 편의점에서 나왔다.

생각보다 날이 많이 어두워져 있었다.

이날은 어두운 날 달리지 않겠다는 규칙을 어겨야 했다. 도착지가 얼마 남지 않았고, 나의 한계를 확인해 보고 싶었기 때문이다. 만약 헤드 랜턴이 있었다면 크게 도움이 될 것 같았다. 하지만 이번 프로젝트를 기획할 때 야간 러닝 계획이 없었기 때문에 챙길 생각을 안 했다. '혹시 모를 상황에 대비해 헤드 랜턴을 챙겨도 좋았을걸.' 하고 생각했다. 물건 경량화에만 신경을 쓰다 보니 정말 필요한 것만 챙겨 온 것이다.

편의점 앞에서 파스를 뿌렸다. 그리고 이렇게 생각했다. '지금부터 풀코스 1번만 더.'

광안리까지 남은 거리는 43km였다. 대략 풀코스 거리만 달리면 모든 게 끝이 났다. 물론 오늘 오전처럼 몸이 가벼운 상태는 아니었지만 내 정신이 살아있음을 느꼈다. 끝까지 가야겠다는 의지가 꺾이지 않았다.

다리에 파스를 뿌리고 난 후 진통제 2알을 삼켰다. 운동하면서 진통제를 먹으면 신장에 무리가 오는 것은 잘 알고 있다. 하지만 오른쪽 무릎에 통증이 시작되는 느낌이 들어서 더 큰 통증을 미리 방지하고자 먹었다. 마지막까지 모든 돌발상황을 최대한 방지해야 했다. 달리기에 집중할 수 있는 환경을 만드는 것도 나의 몫이었다.

마지막 CP(Check Point)라고 여겼던 편의점을 떠나 다시 달리기를 시작했다. 어두운 시골길을 달리는데, 동네의 느낌은 조금 특이했다.

망천마을이라는 명칭이 있었다. 하지만 마을이라기 보다는 작은 공장이 훨씬 많았다. 주로 섬유공장, 쇼파공장도 있었고, ㅇㅇ케미칼, ㅇㅇ산업의 이름을 가진 중소 규모의 공장들이 많았다.

내가 지금까지 오며 봐왔던 정겨운 시골 느낌보다는 공단이라는 느낌이 더욱 강했다. 종종 외국인 노동자분들이 오토바이나 자전거를 타고 지나갔다.

그들의 퇴근길에 나는 특이한 구경거리가 되었다. 나를 쳐다보면서 뭐라고 이야기하는 것 같았는데 난 상관없었다. 나에게는 적지 않은 사람들이 살아가고 있는 동네라는 사실만이 중요했을 뿐이다. 그렇게 용덕로와 김해로 1559길을 달리다 보니 내 눈앞에는 큰 주유소와 자동차가 빨리 달리고 있는 대로가 보였다.

'이럴 수가… 또 국도야?'

김해대로
경남 김해시 한림면 신천리 285-20

큰 도로에 다 왔다고 느꼈을 때, 드디어 보도에서 뛸 수 있다는 희망찬 기대를 하고 있었다. 하지만 그건 아닌 것 같다. 자동차가 쌩쌩 달리고 있는 내리막길 국도였다. 심지어 내가 도시 방향으로 가기 위해서는 갓길에서 역주행해야 했다. 그래야 김해 시내 방면으로 갈 수 있었다.

도시까지 남은 거리는 1km 정도, 문제는 저녁 시간이라 자동차 운전자는 내가 안 보일 수도 있었다. 그리고 왜인지 모르겠는데 이 길은 다른 곳보다 자동차가 빠르게 달렸다. 무서웠다. 종주 기간에 국도 위에서 러닝을 몇 번이고 해봤지만, 어두운 밤에 자동차가 오는 방향으로 뛰어서 내려가는 것은 자살행위 같았다. 혹시나 우회로가 있는지 찾아봤지만 없었다. 뛰어야 했다.

역주행 달리기를 하기에 앞서 크게 숨을 쉬었다. 어쩌면 진짜 죽을 수도 있겠구나 싶었다. 순간 '국토 종주 중에 교통사고로 세상을 떠난 사람들이 있으니 조심하라'는 조언들이 떠올랐다.

그런 불운의 사례가 두렵게 다가왔지만, 선택권이 없었다. 무서웠던 만큼 소리를 지르면서 빠르게 뛰어 내려가기 시작했다

"으아아아!!!!!!!!!!!!!!!!!!!!!!!!!!!!!!"

빠른 속도로 자동차가 내 옆을 지나갈 때마다 바람이 나의 따귀를 때리는 느낌이었다. 심지어 저녁 시간이었다. 자동차 운전자는 아마 내가 미친 사람으로 보였을 것이다.

1km 남짓 되는 자살행위를 빨리 끝마치고 싶었다. 이때

는 거의 4분 초반대 페이스로 달렸던 것 같다.

지금 이 책을 읽는 사람 중 나의 길을 참고해서 종주를 하려고 한다면 꼭 기억했으면 좋겠다. 나는 이 길을 추천할 수 없다. 달리기에는 그 어떤 길보다 너무 위험하고, 달리는 처지에서는 내리막으로 된 국도를 달려야 해서 조금 많이 위험하다. 다른 길로 우회하는 방법을 찾아라. 기록보다는 목숨이 중요하다.

운이 너무 좋았다. 이 구간을 죽지 않고 주파했으니까. 1km쯤 지나니 보도가 나타나기 시작했다. 그리고 저 멀리에서는 아파트 단지가 불빛을 내뿜는 게 보였다. 사람들이 밀집 되어있는 곳을 보니까 반가웠다. 그리고 이제부터 주변의 자동차들을 신경 쓰지 않고 달려도 된다는 사실에 너무 기뻤다.

창원에서부터 김해 삼계동까지는 보도가 아닌 곳으로 뛰었기 때문에 나도 모르게 긴장하면서 뛰었다. 자동차 때문에 달리면서 뒤를 자주 돌아보거나 멀리서 자동차 소리만 나도 몸이 자동반사적으로 움츠러들었다.

긴장하며 뛰다 보니 금방 피로해졌으며, 별것도 아닌 것에 쉽게 예민해졌다. 특히 마지막 국도 역주행 달리기가 긴장의 피날레였다. 길었던 긴장 상태가 끝나니 다리가 풀려서 잠시 주저앉았다.

📍 삼계사거리
경상남도 김해시 삼계동

당장은 도저히 움직일 수 없어 주저앉은 자리에서 잠깐 쉬기로 했다. 다리 모든 부위에 파스를 퍼붓다시피 뿌렸는데 확실히 고통이 가시는 것 같았다. 이쯤 되니 또다시 스멀스멀 시작되는 의문의 연속. '거의 다 왔다. 근데 무엇을 위해 나는 이러고 있을까?' 잘 모르겠다. 하지만 나는 사서 고생하는 게 행복했다.

60km 이상의 달리기부터는 소위 말하는 '현타'와 같은 생각과 여러 사람의 회의적인 반응이 많이 떠올랐다. 나는 몸의 통증보다는 이런 생각과 항상 싸워야 했다. 솔직히 다른 사람들의 회의적인 반응에 논리적으로 대답할 수가 없었다.

'너 왜 그러니?'
'너 시간 많나 보다?'
'미쳤군.'
'미친놈.'

'왜 저래'

반대로 말해서 좋아하는 것을 하는 데에 논리적인 이유가 있는 게 더 이상하지 않은가?

나는 그냥 달리는 게 좋다. 그래서 뛸 뿐이다. 그래서 회의적인 질문과 반응에 논리적으로 방어하지 못했다. 그냥 내가 좋아하는 것을 하고 있을 뿐이었다. 행동으로 내가 진짜 달리기를 좋아한다고 보여줄 수 있을 뿐이다. 아이가 장난감을 만지작거리면서 좋아하는 데에 논리적인 이유가 있을까? 아이는 그저 장난감이 좋을 뿐이다. 마찬가지로 나도 달리기가 그냥 좋다.

잠깐 쉬니까 몸이 조금 진정된 것 같았다. 다시 달리기 시작했다.

가야대역 쪽을 통과했고, 삼계로1번길과 구산로 38번길을 경유해 구산육거리를 지났다. 살면서 오거리까지는 몇 번 본 것 같은데 육거리라는 명칭은 처음 본 것 같아서 신기했다. 신호체계가 어떤 방식일지 문득 궁금했다.

구산 육거리를 지나면서 약간의 오르막이 있었다. 하지만 여태껏 달려온 지형에 비하면 그렇게 주파가 어렵지는 않았다. 구산터널을 지나서 조금 더 달리다 보니 오른쪽으로 김해 시내 야경이 보였다. 유명한 도시의 야경처럼 화려함은 없지만 탁 트인 풍경이 가슴을 뻥 뚫리게 해주는 느낌이 들었다.

📍 경상남도 김해시 구산동 32-2

동네에서 나름 유명한 곳인지 계단에 앉아 누군가와 전화하며 야경을 구경하는 사람도 한두 명쯤 있었다. 그런 사람들을 보며 혼자 흐뭇해했다.

그 이후로 활천삼거리까지는 별다른 구경을 하지 않고 집중해서 달렸다. 조금 더 달려가 김해대학역에 있는 편의점에서 급수를 했다. 그리고 초콜릿 바 같은 행동식도 미리 사 놨다. 앞으로 도착지까지 최대한 멈추지 않고 달리고 싶었기 때문이다.

내가 있는 김해 대학로 역에서 부산 땅까지는 2km 남짓 남았다. 또 광안리 해수욕장까지의 길을 다시 한번 파악했다.

김해 대학로 역부터 광안리 해수욕장까지 남은 거리 28km

경로를 자세히 살펴보니 김해교를 건넌 후 강서구를 거쳐 사상구 방향으로 내려가 수영구로 가는 경로였다.

거의 다 왔다. 지금 당장 미친 척하고 달리고 싶었지만 최대한 절제했다. 힘들었지만 쉬지 않아도 되는 상태였다. 하지만 억지로 10분 정도 앉아 쉬었다. 모든 게 끝나갈 때 서두르지 않고 행동하기 위해서였다. 흥분하지 않고 호흡을 가다듬어야 했다.

편의점 의자에 앉아있는 상태로 고개를 내려다보았다. 만신창이가 된 내 신발이 보였다. 구미보에 있을 때만 해도 형태를 알아볼 수 있는 정도였다. 하지만 흰색의 그물망은 거의 검은색으로 변했고, 신발은 상처투성이가 되었다. 처음에 있었던 두툼한 쿠션도 거의 수명을 다했다.

내 몸이 만신창이가 되어가는 것과 동시에 내 신발도 수명을 다하고 있었다. 신발은 굉장히 지저분하고 볼품없었다. 하지만 혐오스럽지 않았다. 오히려 나는 그런 신발이 자랑스러웠다. 나한테 이 신발은 참전용사들의 훈장과 같은 것이었다. 내가 물건에 처음으로 애착을 가지게 된 것도 이때였다.

편의점에서 신발과의 교감을 끝낸 후에 다시 달리기 시

작했다. 그리고 불암역이라는 곳을 지나게 되었는데 이쯤에서 공기가 살짝 변하는 게 느껴졌다. 오늘 아침에 예상했듯이 곧 비가 올 것 같았다. 조금이 아니라 많이 올 것 같았다.

불암역 앞에서 신호를 기다렸다. 나의 정면에는 녹색과 금빛이 섞인 직사각형의 아치가 우뚝 서 있었는데, 그게 김해교였다.

저 다리만 건너면 부산이었다. 부산, 모든 게 비현실적으로 느껴졌다. '내가 진짜 부산에 왔구나.' 믿어지지 않았다. 그래서 신호를 기다리며 옆에 있는 자전거를 탄 아주머니에게 여쭤봤다.

"안녕하세요. 이모, 여기 다리만 건너면 부산입니까?"

"네 저거 하나 건너면 부산 맞습니다."

김해교를 건널 때 시간은 오후 9시 5분 정도였다. 이 다리를 건너면서 또 다른 세계로 빨려 들어가는 느낌이 들었다. 여태껏 달려왔던 장소와는 완전히 다른 공기가 느껴지고, 무언가를 새로 시작하는 느낌이 들었다. 차츰 강해지는 비바람 덕분에 다른 세계로 빨려 들어가는 느낌이 더욱 강해졌다.

순간, 여기까지 달려오면서 고생했던 순간들이 주마등처

럼 스쳐 지나갔다. 서울역에서 출발할 때만 해도 맑은 눈에 순수한 열정만 가진 청년이었지만, 9일 동안 부산까지 오면서 현실 풍파를 제대로 맞은 탓에 눈빛이 더욱 단단해지고 날카로워진 것이 스스로 느껴졌다. 동시에 몰골은 말도 안 되게 초췌해져 있었다. 온몸이 고통으로 뒤덮여 비명을 지르고 있었다. 특히 오른쪽 무릎에서 시린 느낌이 들었다.

김해교 위에서부터 바람과 동시에 가랑비가 오기 시작했다. 부산에 들어오자마자 비가 오기 시작했고, 9일 동안 나를 괴롭히던 더위는 사라졌다. 나는 개인적으로 비를 맞으며 달리는 것을 좋아한다. 비가 쏟아질 때 달리면 그 어떤 것에도 구애받지 않는 듯한 묘한 해방감이 느껴진다. 그런 해방감과 동시에 아드레날린이 서서히 분출되는데 그러면서 고통이 느껴지지 않고, 달리기 페이스가 서서히 빨라진다.

누군가에게는 평범한 수요일 저녁 밤이었다. 그리고 단순히 여름 끝자락을 알리는 비가 내렸을 뿐이다. 하지만 나에게는 모든 세세한 변화들이 극적으로 느껴졌다. 이윽고 내가 부산 땅에 들어왔다는 것을 공식적으로 알리는 '부산광역시 강서구'라는 푸른색 표시판이 보이기 시작했다.

부산광역시
Busan Metropolitan City
강서구 Gangseo-gu

낮에는 창녕군과 창원에 있었다. 그리고 김해시를 통과하여 여기까지 왔다. 부산광역시라는 이정표를 보니 참아왔던 감정들이 여기서 터졌다. 나도 모르게 환호성과 같은 소리를 내질렀다. 그렇다. 9일 만에 부산광역시에 도착한 것이다. 최종목적지인 광안리까지는 26km가 남았지만 나는 내가 살아온 동네에서 뛰는 듯 마음이 한결 편해졌다. 그리고 부산 안에서 광안리까지는 길이 어렵지 않다. 더 이상 시골길을 헤집으며 길을 잃을 필요도 없다. 그 사실만으로 너무 기뻤다.

잠깐의 기쁨을 표출한 다음에 계속 달렸다. 강서구를 가로지른 후 구포대교에 올라왔다. 거기서 달릴 때는 물결에 비친 아파트들이 바람의 장단에 맞춰 춤을 추는 장면들이 인상 깊었다. 특히 비바람이 거세게 불수록 춤의 속도는 더욱 빨라졌다.

구포대교를 지날수록 점점 자동차가 많아졌다. 그리고 부산답게 옛 건물과 새 건물이 함께 보이기 시작했다. 새 아파트와 바둑을 두는 기원이 있는 허름한 건물, 언뜻 보면 어울리지 않는 듯 보이지만 과거의 시간이 응축된 건물과 갓 태어난 건물은 굉장히 조화롭다. 사상로를 달리며 작고 큰 인테리어 가게와 목공소, 냉동이라고 적혀 있는 건물들을 지나오니 2호선 모라역이 보였다. 2호선이 보일 때는 내가 점점 부산의 중심으로 가고 있다는 느낌이 들었다. 그와 동시에 빗줄기가 점점 굵어지기 시작했다. 즐길 수 있는 정도의 빗속 달리기가 아니라 태풍 같은 느낌이 들었다. 날씨가 점점 추워졌다. 오기를 부리며 반팔로 달리는 것을 포기하고 러닝백에 넣어 뒀던 긴 팔 재킷을 꺼내 입었다. 여기서부터 체온이 더 떨어지면 저체온증이 올 가능성이 있었기 때문이다.

이상하게 부산에 들어오고 나서부터 달리기 페이스가 빨라졌다. 1km당 평균 6분에서 6분 30초 정도의 달리기를 했다. 내가 종주 동안 1km당 평균 7~8분의 달리기를 한 것에 비하면 부산에서의 달리기는 매우 빠른 속도였다. 평소 같으면 '무리는 절대 안 돼!' 라는 보수적인 생각으로 나 자신을 제어했겠지만, 지금 이 순간은 마음 가는 대로 하고 싶었다. 나를 내려놔도 될 타이밍이었다. 폭발할 것 같은 감정과 행동이 마음대로 하도록 두고 싶었다. 갑자기 비가 오는 지금처럼 세상에 완벽한 것은 없다. 쏟아지는 빗방울을 가르며 나는 무장해제하고 본능적으로 달리기 시작했다. 이 순간은 전혀 무리하는 느낌이 들지도 않았고, 힘겹지도 않았다. 발걸음은 또다시 가볍게 바닥을 터치하기 시작했고 모든 몸짓이 부드러워졌다. 이전까지 거칠었던 호흡도 많이 다듬어졌다. 비에 동화라도 된 듯 나도 물처럼 유연하게 달리고 있었다.

러너스 하이(Runner's high)

이 당시의 속력과 해방감, 그리고 묘한 카타르시스. 나는 분명히 러너스 하이 상태였다. 스마트워치에 누적 거리 수가 81km로 표시된 상태에서 부드럽게 달린다는 것은 상식적으로 불가능하기 때문이다.

그토록 원하던 부산으로 진입, 갑자기 내리는 비, 약간의 진통제 기운 등. 모든 상황이 절묘하게 맞아떨어져서 러너스 하이가 시작된 것 같다. 그 덕분에 비가 내리는 부산 시내에서의 달리기는 평생 잊지 못할 것 같다.

눈에 보이는 구불구불 한 길, 오르막과 내리막이 반복되면서 보이는 도시의 전경, 저 멀리서 보이는 약간의 항구 불빛. 부산은 달리기에도 매력적인 도시였다.

사상구에 있는 괘법동으로 들어오면서 서서히 높아지는 오르막이 있었다. 그렇게 경사도가 높지는 않았지만 러너스 하이 상태가 해제되면서 오른쪽 무릎에 통증이 심하게 느껴졌다. 또다시 파스를 뿌렸다. 내가 할 수 있는 것은 계속해서 나를 이끌고 가는 방법밖에 없었다. 지금까지 달려오며 어려운 상황을 극복한 나를 떠올리려고 노력했다.

백양대로를 통해 부산진구 방면으로 계속 달려갔다. 여러 층에 걸쳐 쌓여 있는 건물들과 층이 나눠진 고가도로들이 눈이 들어왔다. 주로 평지인 서울 도심에서는 보기 힘든 풍경이기 때문에 외국에 놀러 온 듯 그런 풍경을 감상하며 달렸다. 아니, 고통을 잊기 위해 시선을 주변으로 돌려야 했을지도 모르겠다.

오후 11시쯤, 부산진구에 있는 부산 시민공원에 도착했다.

🌳 부산시민공원
부산광역시 부산진구 범전동 372-1

모든 사람이 잠에 들 시간에 맞춰 부산이라는 거대한 도시도 조용해졌다. 지금까지 관광객 신분으로만 부산에 방문

했었다. 광안리, 해운대, 서면 등. 사람들이 몰려 있는 곳만 방문하면서 부산은 잠들지 않는 도시라고 생각했었다. 하지만 조용한 부산을 보면서 어떤 도시이든 다양한 모습을 갖췄구나, 라고 생각했다.

어쨌든 나한테는 거리에 사람이 없는 게 좋았다. 사람인 듯 사람이 아닌 듯한 꼬질꼬질한 내 모습을 최대한 숨기고 싶었기 때문이다.

아침부터 창녕군에서 지금까지 달려왔다. 심지어 부산에서는 비를 맞으며 달린 상태였다. 당연히 상태가 멀쩡할 리 없었다. 나는 더 빠르게 움직이려고 했다.

부산 시민공원에서 광안리까지 남은 거리 7.3km

양정동을 지나 연산동쯤 왔을 때부터는 몸이 말을 듣지 않았다. 아마 연제구청쯤이었던 것으로 기억한다.

시계에 표시된 거리는 95km. 순간 도저히 달릴 수 없을 정도로 무릎의 통증이 느껴졌다. 도착지까지 5km 남짓 남았는데 이런 상태가 야속하게 느껴졌다. 더 이상 파스도 통하지 않았다. 순간 어떡하지? 라는 생각이 들었다. 달려야 하는데 몸은 말을 듣지 않았고, 그렇다고 걷기는 싫었다. 고통을 참고 달려야 하는데 쉽지 않았다. 뼈가 갈리는 듯한 느낌이 들었다.

생각해 보면 연제구에서부터 광안리까지의 마지막 5km가 가장 길게 느껴졌던 것 같다. 그렇게 높지도 않은 언덕은 왜 그렇게 높게 느껴지는지 모르겠으며, 망미역을 지나서 나온 수영역에서 광안리 역까지 왜 이렇게 길게 느껴졌는지 모르겠다. 마라톤 풀코스를 뛸 때 40km 이후 마지막 2km가 정말 길게 느껴지는데 나에게는 마지막 남은 5km가 그런 느낌이었다.

망미역을 지나 수영역까지 와서 오른쪽으로 꺾었다.

광안리까지 남은 거리 1.4km.

수영역에서 광안역까지 약간의 오르막길이 있었고 비는 아직 오고 있었다. 나는 통증을 참기 위해 이를 악물고 계속 달렸다. 여기까지 달려온 것처럼 위기의 대처 방법 중 가장 효과적인 방법은? 그냥 계속 달리는 것뿐이었다. 다른 방법은 없었다.

광안역에서 광안리 해수욕장으로 신호등을 건넜다. 그리고 광안역 3번 출구 방향의 골목으로 들어갔다.

코끝으로 조금씩 바다 냄새가 느껴졌다. 드디어 내가 아는 골목이 나왔다. 부산에 여행 올 때마다 지나오던 골목. 바다가 보일 것이라는 설렘을 가득 품고 당차게 걸어가던 그 골목, 바다가 보이기 직전의 설렘과 여유가 동시에 느껴지던 골목. 바다의 설렘이 가득한 그런 느낌이었던 골목을 지금은 비를 맞으며 필사적으로 뛰어가고 있었다. 높은 건물들에 가려져 아직은 바다가 보이지 않았지만, 바다냄새가 또다시 나를 자극하기 시작했다. 서울 저 멀리서부터 그토록 바라던 곳에 거의 다 왔다는 사실에 미치도록 흥분됐다. 만신창이가 된 내 몸 상태와 반대로 정신은 신이 나서 춤을 추고 있었다.

나는 쩔뚝거리면서 계속 뛰었다. 골목을 향해 뛸수록 점점 불빛이 밝아지고 있었다. 바닷냄새에 이어서 바닷바람이 느껴지기 시작했다. 곧이어 저 멀리서 바다가 보이기 시작했다. 그리고 몇 걸음 더 힘차게 달려갔다. 골목을 벗어나면서 바다는 더욱 넓은 시야에 보였다. 내가 그토록 원하던 도착지, 광안리 해수욕장이었다.

📍 광안리 해수욕장
부산광역시 수영구 광안해변로 219

서울에서 부산까지 총 9일 소요

9일 동안 누적 거리 493.35km

〈미친 달리기〉 프로젝트 종료

에필로그

2023년 9월14일 목요일, 오전 10시 30분.

늦은 아침에 눈을 뜨자마자 몸이 자동반사적으로 움찔했다. 또 달려야 하는데 내가 늦잠을 잔 건지 걱정이 되었다. 숙소 창문 밖으로 선명하게 보이는 광안대교를 보고 안심했다. '더 쉬어도 괜찮다.'

핸드폰을 봤다. 생각보다 많은 사람들이 보낸 축하 메시지와 안부 인사, 그리고 서울에서 부산까지 달린 기분이 어떠냐고 물어보는 사람들까지, 내가 살면서 이렇게 많은 축하 인사를 받아본 적이 있을까? 평범한 사람의 미친 도전에 관심을 둔 모든 사람에게 진심으로 감사함을 전하고 싶다.

침대에 누워서 내 기분이 어떤지 생각을 해봤다. 서울에서 부산까지 달려온 기분, 솔직히 아직 잘 모르겠다. 광안리 바다를 눈앞에 둔 지금도 잘 모르겠다. 그토록 원하던 곳까지는 힘껏 달려왔다. 하지만 현실감이 없다고 해야 할까. 내가 여기까지 달려왔다는 사실이 믿어지지 않았다. 내가 정말 여기까지 뛰어서 온 게 맞을까? 누군가가 나를 여기로 옮겨놓은 것 같은 느낌이 든다.

이런저런 생각을 하며 바다를 보며 멍을 때리다가 피곤해서 다시 잠에 들었다. 그리고 오후 12시 30분쯤 다시 일어났다. 또다시 더 이상 달려도 되지 않는 건지 확인했다. 달리지 않아도 된다는 안도감과 동시에 조금 허전했다. 나의 〈미친 달리기〉 프로젝트는 예상보다 하루 빠르게 종료되었다.

바람이나 쐬어야겠다고 생각하고 옷을 대충 걸쳐 입고 밖으로 나왔다. 뭘 먹어야 할지 잠깐 고민을 하다가 돼지국밥을 먹으러 갔다. 나중에 확인해 보니 조금 유명한 곳인 것 같았는데, 운이 좋게도 내가 갔을 때는 사람이 많이 없었다. 대기 없이 바로 자리에 앉을 수 있었다.

내가 시킨 돼지국밥이 낡은 스테인리스 원형 쟁반에 나

왔다. 정말로 잘 차려진 한 상이었다. 반찬도 깔끔했고 국밥 양도 많았다. 뚝배기 속 국밥에서 김이 모락모락 나오는데 정말 먹음직스러웠다.

잘 차려진 한 상을 멍하니 쳐다보다가 갑자기 눈물이 났다.

그 많은 고생을 하면서 눈물이 날 기색이 하나도 없었고, 어제 도착했을 때도 예상보다 무덤덤했다. 하지만 국밥을 보니까 내가 진짜로 부산에 도착한 게 느껴졌다. 점심시간이 다가오며 식당에 사람들이 들어오는 타이밍이었음에도 감정이 복받쳐서 하염없이 울었다. 따듯한 상차림을 보니 며칠 동안 달리면서 힘들었던 상황이나, 절경을 보면서 감동했을 때나, 자동차 길 위를 달릴 때가 떠올랐다. 이름 모를 산을 달릴 때도 기억났다. 내가 겪었던 모든 상황을 국밥으로부터 위로받는 것 같아서 눈물이 났다.

나는 9일 동안 한국을 가로지르며 나만의 시간을 살아왔다. 사회의 기준에 맞춰진 시계를 벗어 던지고 오롯이 나만의 시간을 살아가는 동시에 나를 알아가는 과정이 자연스럽게 생겼다. 그러면서 나 자신과 대화하는 시간을 많이 가질 수 있었다.

〈미친 달리기〉 프로젝트는 내가 오랫동안 상상해 온 로망을 비웃듯이 매일매일 나를 산산조각 내버리고, 절망으로 내동댕이쳤다. 뜨거운 태양은 나를 매일 녹이려고 달려들었다. 끝이 없는 길, 급작스러운 언덕과 막다른 길, 그리고 나를 비웃으며 내 옆을 조용히 지나가는 뱀과의 조우까지.

부산까지 오며 많은 고민과 좌절들에 정신이 나갈 뻔했다. 특히 '내가 왜 이러고 있지?'라는 생각을 1000번 넘게 했던 것 같다. 그리고 그 질문에 대한 대답의 종착지는, "내가 좋아하는 게 달리기니까." 였다.

아직도 장거리 달리기에 대해 부정적이거나 회의적인 반응에 나는 논리적으로 답변하지 못한다. 그렇다고 멋있게 꾸며진 답변으로 부정적인 반응을 차단하고 싶지도 않다.

나는 내가 좋아하는 것을 하고 있다는 확신이 있었다. 그리고 9일 동안 부산까지 오면서 더더욱 확신이 생겼다. 나는 장거리 러너이다. 그리고 달리기를 사랑한다. 비상식적인 거리를 며칠 동안 달리고, 야산과 같은 산을 뛰어넘고, 몇 번은 국도에서 자동차와 함께 달리는 비상식적인 레이스를 했지만, 나는 달리기를 좋아한다. 장거리 달리기에서만 경험할 수 있는 희로애락의 과정에서 나는 더욱 성장하고 있다.

달리기가 나를 성장시켰다고 해야 할 것 같다. 그래서 의문을 가진 질문들에 배시시 웃으면서 "좋아하니까"라고 답해주는 것이 전부다.

솔직히 말해서 나와 같이 미친 사람들이 많아졌으면 좋겠다. 비상식적인 것에 도전하는 사람들이 많아졌으면 좋겠고, 모두가 당연하게 여겨지는 것들과 싸웠으면 좋겠다. 어차피 세상은 미친 곳이다. 이런 곳에서 무언가에 미치지 않으면 미친 세상에 잡아먹히지 않을까?

세상은 안되는 것투성이로 넘쳐난다. 그리고 우리는 그런 환경에서 '가능성'보다 '안되는 이유'를 찾아오며 커왔다. 그러면서 도전할 생각조차 하지 못한 채 사회적 기준에 맞춰 살아간다.

하지만 한 걸음만 뒤로 물러서서 잠시만이라도 자신만의 시간을 보내 보라. 이 세상에 우리가 할 수 있는 것들도 꽤 많다. 평범한 사람의 미친 도전 이야기를 통해서 많은 사람이 가능하다는 생각을 가졌으면 좋겠다.

일단 그냥 하자, 생각은 행동하면서 해도 늦지 않다.

감사합니다.

어떤 상황에서도 포기하지 않고 헤쳐 나가는 정신을 물려주신 어머니에게 감사합니다. 이런 정신은 달리면서 더욱 빛을 발하게 되었습니다. 그리고 나를 믿고 응원해 주는 가족들에게도 진심으로 감사합니다.

뜨거운 여름날, 며칠 동안 나와 함께 달려준 로리에게 진심으로 감사합니다. 만약 서울에서 부산까지 달리기를 혼자 했다면 '내가 완주를 할 수 있었을까?' 생각하고는 합니다.

다음으로, 나의 고향 부천 친구들에게 감사합니다. 표현은 못했지만 제가 의지하고 있는 사람들입니다.

그리고, 달리면서 만난 모든 인연에 감사합니다. 달리는 사람들끼리는 눈에 보이지 않는 어떤 연결된 선이 있는 것 같습니다. 이 선은 어떠한 유대감보다 끈끈하다고 자부합니다.

특히 이번 종주에 관련된 기어Gear 조언을 아낌없이 해주신 OSK아웃도어 스포츠 코리아 유지성 대장님, 서울-부산 달리기 종주에 적합한 신발을 추천해 주신 굿러너 컴퍼니의 의영님, 이 책이 나오기 전에 초고를 읽고 진심 어린 피드백을 해주신 제주 러너 효준 님, 모두 감사합니다. 그리고 트랜스 제주 100K를 완주하면서 나와 형제나 다름없는 사이가 된 Zay, 항상 꾸준한 달리기로 나에게 동기부여를 줘서 감사합니다.

저는 계속해서 미친 달리기를 할 예정입니다.
모두 주로에서 만나요.

Jusqu'au bout

2023년 12월 30일
장현식

493km, 미친 달리기 – 서울에서 부산까지, 2023년 9월

초판 1쇄 발행 2024년 2월 24일
지은이 장현식

편집 강지희
디자인 홍윤이
발행인 이강원
펴낸곳 시간낭비
전자우편 k.lee@timewaste.co.kr
ISBN 979-11-980091-3-5 (03690)

- 책값은 뒤표지에 있습니다
- 잘못된 책은 구입하신 서점에서 교환하여 드립니다
- 이 책은 저작권법에 따라 보호받는 저작물이므로 무단전재와 무단복제를 금합니다